カジュアルからドレスアップまでの
メンズシャツ

# SHIRT
SUNDAY AND SONS

杉本善英

文化出版局

東京から葉山に引越して10年がたちました。
"ON"と"OFF"の明快な生活、そしてどこかアメリカ的な文化の香りがする湘南にあこがれ、企業のデザイナーとして常に大量の商品を作り続ける一方で長く愛されるベーシックとは?という疑問も芽生え、答えを求めて引越したのが理由です。

ライフスタイルが変わることで分かるほんとうに便利なベーシックアイテムたち。自分のワードローブはどんどん整理され、体験することによってのみ得られた新しい価値感。
こんな10年たっても色あせない洋服たちが今回の書籍でご紹介するシャツたちのお手本です。

現代のメンズファッションには4つの大きなカテゴリーがあります。
ポロ競技やラグビーなどのスポーツウェアがルーツの「スポーツ」、男性にはとても重要なビジネスシーン（ONタイム）に代表される「ドレス」、第2次世界大戦のような戦争のために開発された「ミリタリー」、開拓者などの肉体労働のための「ワーク」。
この4つのカテゴリーはアメリカの歴史と大きく関係しています。
もともと洋服文化の発祥はヨーロッパですが、1800年代にヨーロッパからアメリカに渡りました。そして20世紀の変遷の中で必然として生まれた服たちは"ユニフォーム"として各スタイルを完成させていきました。
1950年代以降、そんな"ユニフォーム"だった服たちが少しずつ若者たちの文化に取り入れられながら、現代の"ファッション"として表現されるようになりました。

このような歴史を大切にしながら、4つのカテゴリーの代表的なシャツを作品化しました。
素材セレクトや付属、ディテールデザインなど不変のデザインをすることを心がけ、時代を超えたベーシックには長く愛される理由があることを作品を通して少しでも伝わればと願っています。

杉本善英

# CONTENTS

## SPORT

BUTTON DOWN **A**     *page* 8, 9  |  *how to make  page* 61

SMALL BUTTON DOWN **B**     *page* 10, 11  |  *how to make  page* 62

SMALL BUTTON DOWN **C**     *page* 12, 13  |  *how to make  page* 63

ALOHA OPEN **D**     *page* 14, 15  |  *how to make  page* 65

## DRESS

WIDE SPREAD **E**     *page* 18, 20  |  *how to make  page* 68

ROUND **F**     *page* 19, 21  |  *how to make  page* 70

TAILORED **G**     *page* 22, 23  |  *how to make  page* 71

SHAWL **H**     *page* 24, 25  |  *how to make  page* 74

## MILITARY

NARROW REGULAR **I**   *page* 28, 29 | *how to make  page* 76

NAVY WIDE **J**   *page* 30 | *how to make  page* 78

NARROW OPEN **K**   *page* 31 | *how to make  page* 80

NAVY ROUND **L**   *page* 32, 33 | *how to make  page* 81

## WORK

WORK REGULAR **M**   *page* 36, 37 | *how to make  page* 83

WORK REGULAR **N**   *page* 38 | *how to make  page* 84

STAND **O**   *page* 39 | *how to make  page* 85

WORK REGULAR **P**   *page* 40, 41 | *how to make  page* 87

about TEXTILES   *page* 42

about BUTTONS   *page* 43

how to make   *page* 49

# SPORT

ポロ競技やラグビー、ゴルフ、スキー、サーフィンなどのスポーツシーンから生まれた洋服たちがこのカテゴリーに入ります。代表的なシャツとして、オックスフォード素材のボタンダウンシャツがあげられます。1896年、ブルックス ブラザーズの社長、ジョン・ブルックスが英国で観戦したポロ競技で選手の衿が風にはためくのを見て考案したのが始まりです。その後、アメリカ東部のアイビーリーガーたちに愛用され今日にも残る名品となりました。またおもしろい話では、芸術家で有名なアンディ・ウォーホルが成功した時にブルックス ブラザーズで白のボタンダウンシャツを100枚も購入したという逸話も残るほど、アメリカ人に愛され、育まれました。

**BUTTON DOWN** A

僕のおすすめする最も便利なシャツが白無地オックスフォードボタンダウンシャツです。アイロンをかけネクタイをすれば"ON"シーンに、洗いざらしで第1ボタンをはずして着れば"OFF"シーンに着用できる万能さが長く愛される理由です。また着丈は着るシーンに合わせてボトムの中に入れても出しても、どちらにも対応できる長さに設定しています。

*how to make page* 61

## SMALL BUTTON DOWN C

休日などのカジュアルなシーンで着ていただきたいハーフプラケットシャツです。何と言っても特長的なプルオーバーデザイン。着る動作までカジュアルです。衿型がボタンダウンのため、とてもアイビーっぽいムードがします。デニムやショートパンツと合わせて、リラックスしたスタイリングがおすすめです。

*how to make page* 63

ALOHA OPEN **D**

ハワイ発祥のアロハシャツ。1930年代中ごろからリゾートウェアとして生まれ、サーフカルチャーと共に世界中に広がりました。アロハシャツの始まりは日本移民の人たちが持ち込んだ着物だったのは有名な話ですね。ボタンはぜひこだわって、ヤシの木や実（ココナッツ）を原料としたものを使うと雰囲気が出ます。

*how to make page* 65

# DRESS

男性にはとても重要なスーツに代表されるビジネスシーンの洋服たちがこのカテゴリーに入ります。ドレスシャツは、日本ではワイシャツと呼ばれたりしますが、19世紀末に日本に来た西洋人が発した「WHITE SHIRT」が「ワイシャツ」と聞こえ、それ以来ワイシャツと呼ばれるようになったという説があります。

また、スーツを着て働くビジネスマンを総称して「ホワイトカラー」と呼ばれたりしますが、これは色の意味ではなく衿の"カラー"という意味です。汗をかかず頭脳を使った仕事をする人たちで、衿は汗で汚れず白いままという意味で「ホワイトカラー」と呼ばれています。対比語として肉体労働をする人たちを総称して「ブルーカラー」と呼びます。

WIDE SPREAD **E**

ドレスシャツは英国式がお手本です。ワイドスプレッドカラーは衿先の開きが100°〜120°前後のものを呼びます。英国のウィンザー公が着用していたことから"ウィンザーカラー"とも呼ばれます。最近のテーラードジャケットのゴージラインとはとても相性のいい衿型です。日本ではポケットのついたドレスシャツを見かけますが、世界的にはないものが正統とされています。

*how to make page* 68

ROUND **F** 衿先を丸くカットしたラウンドカラーは、やはりとてもイギリスらしい衿型の一つで、クラシカルなムードとエレガントさを感じるデザインです。この作品は少しユーモアを入れ、イギリスのリバティ社のプリント生地で作りました。

*how to make page* **70**

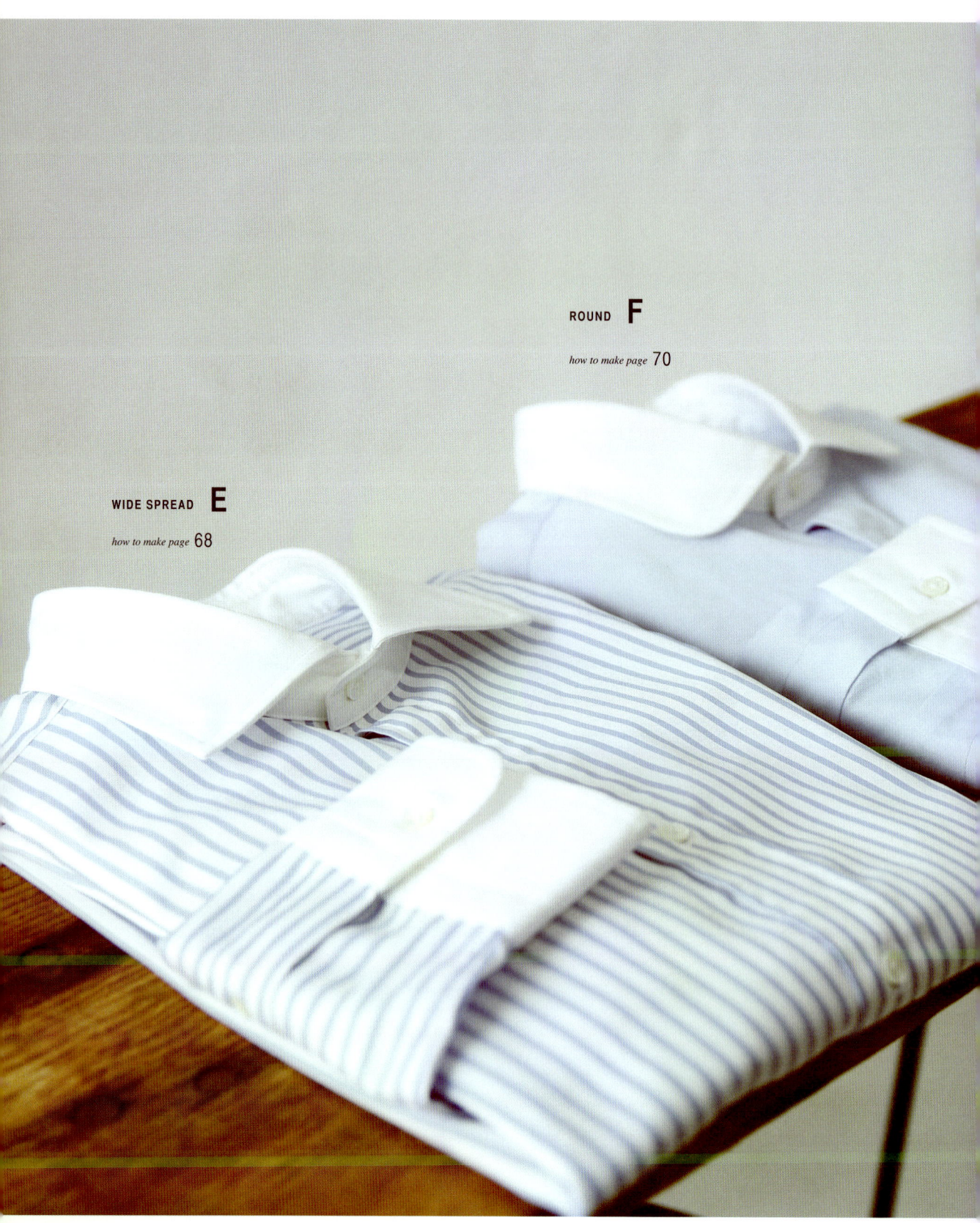

ROUND **F**

*how to make page* 70

WIDE SPREAD **E**

*how to make page* 68

衿とカフスが白無地のシャツをクレリックシャツと呼びます。昔のシャツは汚れたらつけ替えられるつけ衿でした。その名残を感じるクラシカルなデザインです。特にラウンドカラーのものは、1920年代以降イギリスで大流行したデザインです。

TAILORED **G**

この作品はシャツから派生したイージージャケットです。シャツのようなシンプルな作りで袖口はカフス仕様になります。カジュアルなアイテムですが、ドレスシャツやオックスフォードボタンダウンシャツにネクタイをし、グレーパンツにきれいな革靴を合わせればとても現代的な"ON"スタイルが完成します。表地に合わせてレザーバスケットボタンやメタルボタンを使用すると、よりジャケットっぽく仕上がります。メタルボタンは古着屋さんなどでビンテージを探し、ぜひこだわりの一着に仕上げてみてください。

*how to make page* **71**

## SHAWL H

この作品はシャツから派生したイージージャケットです。シャツのようなシンプルな作りで袖口はカフス仕様になります。ショールカラーデザインは、19世紀中ごろ、たばこを吸う時に衣服を守るためにはおったスモーキングジャケットが原型です。Tシャツやショートパンツとコーディネートしてリラックスしたムードが似合います。

*how to make page* **74**

# MILITARY

悲しい歴史ではありますが、"戦いで命を守るために動きやすく機能的で丈夫な服"として開発された洋服たちがこのカテゴリーに入ります。第2次大戦からベトナム戦争までの時期に機能性にかかわるディテールやデザインが完成されました。一般に着用されるようになったのは、1960年代後半から1970年代のヒッピー文化と大きく関係します。反戦運動の中で「ミリタリーウェアは平和を主張するための服で、人と戦うための服ではありません」というメッセージから、それまでの"ユニフォーム"ではなく"ファッション"として取り入れられるようになりました。

**NARROW REGULAR**

ミリタリーシャツは、肩章（エポーレット）や両胸の大きなポケットが特徴です。肩章は肩にかけた銃や双眼鏡がずれないようにとめたタブです。この作品はタウンでも着やすいようにサファリシャツ風に仕上げました。ボタンは少し肉感があり、丈夫そうなナット素材のミリタリーデザインボタンを使用しています。

how to make page **76**

NAVY WIDE  **J**

Chief Petty Officer(米国海軍の兵士)の制服として艦上で着用されたウールメルトン生地を使用したシャツをC.P.Oシャツと呼びます。今回のC.P.Oシャツは1940年代に着られた通称"片ポケ"と呼ばれるモデルを参考にし、アレンジしました。1950〜60年代になると両ポケにデザイン変更されていきます。冬のアウターシャツとして、とても便利なアイテムです。

*how to make page* **78**

## NARROW OPEN　K

**NARROW REGULAR**と同様、肩章（エポーレット）や両胸の大きなポケットが特長でとても男らしいディテールの一つです。夏用としてオープンカラーデザインにし、タウンでも着やすいようにサファリシャツ的な要素を入れ仕上げました。ビンテージ風のしっかりしたリネンキャンバス素材を使用し、男っぽいムードなので、きれいな革靴や高級な時計など上質なものとコーディネートするとバランスよくまとまります。

*how to make page* 80

NAVY ROUND **L**

マリン（海軍）風のラウンドカラーシャツです。カットソーのようにバサッと上からかぶるプルオーバーデザインが特徴です。ヨットの帆に使われた高密度のコットン素材をイメージした"セーリングクロス"を使用し、洗いざらしの表情がとてもよく、アイロンなしでも着用できます。デニムショーツにビーサンでコーディネートするととても夏らしいスタイルが完成です。

how to make page **81**

# WORK

19世紀末から20世紀前半のアメリカ西部開拓時代に生まれた労働用の洋服たちがこのカテゴリーに入ります。森林労働者や、鉱夫、農夫などの過酷な労働に耐えうるとして、また着る道具として進化したのがワークウェアの原点です。1870年に誕生したデニムはその代表的なアイテムです。1950年代、ジェームズ・ディーンやマーロン・ブランドなどのハリウッド俳優たちがスクリーンで着用し、反抗のシンボルとして若者たちの熱狂的な支持を受け、労働するための服から主張するための服として価値感が変化していきました。

### WORK REGULAR　M

ワークシャツの代表と言えるダンガリーシャツ。デニムと同じようにインディゴ染料を使用したシャツになります。1940年代ごろのワークシャツのデザインを参考にしました。現代でもとてもコーディネートしやすいカジュアルシャツとして人気です。天然のインディゴ染料には虫よけや蛇よけの効果があると言われていますが、現在の合成インディゴには残念ながら効果はないようです。

*how to make page* 83

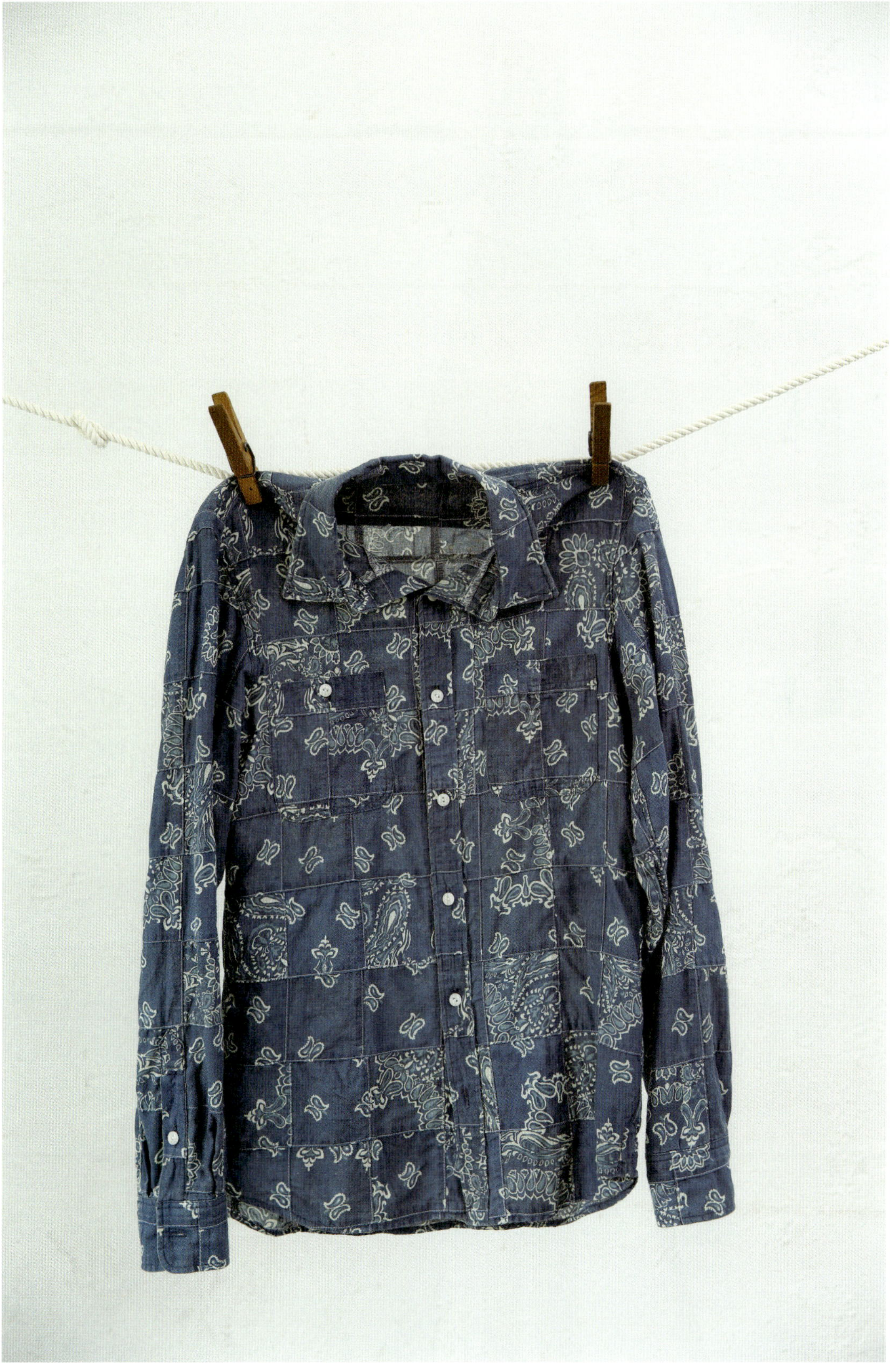

WORK REGULAR　N

ランバージャック(森林労働者、木こり)の人たちが着用したワークウェアがイメージのアウターです。前身頃の大きな4つのパッチ&フラップポケットが特長的なデザインです。シャツから派生したアウターですが、よりカバーオールに近いコーディネートが楽しめる作品です。

*how to make page* **84**

## STAND 0

1920〜30年代のクラシックなワークシャツに見られるディテールが特長です。スタンドカラーは別布でクレリック風にし、フロントの合せがラウンドしたカットになっています。ボタンは"ねこ目"と呼ばれるナットボタンを使用しています。このデザインはハードワークでもボタンつけ糸が切れにくい特長があります。

*how to make page* 85

WORK REGULAR **P**

ウール素材を使用したワークシャツアウター。この作品はハリスツイードを使用してイギリスのカントリー風に仕上げました。タータンチェックシャツやフェアアイルセーターとコーディネートすると相性がいいと思います。足もとはマウンテンブーツを合わせるとよりムードが高まります。

*how to make page* **87**

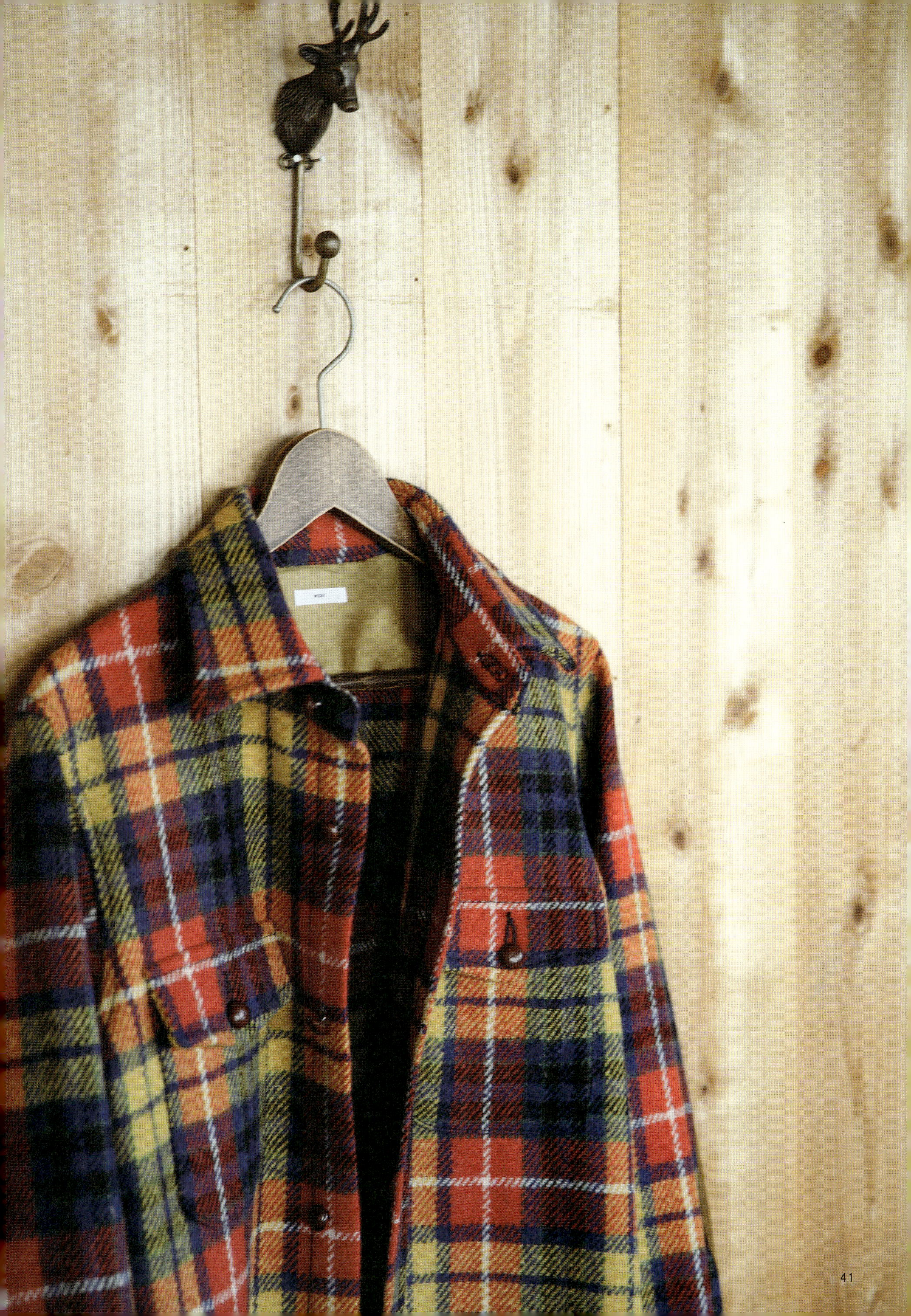

about

# TEXTILES

素材選びはとても重要で、またいちばん楽しい作業です。この書籍に使用した素材は、オックスフォード、ダンガリー、マドラスチェック、ビエラチェック、チノ、ツイード、メルトンなど、一度は聞いたことがあるベーシックな素材ばかりです。とても簡単に手に入る素材で、安価なものもたくさんありますが、なるべく高価なもののほうが原料もよく、長持ちし、最終的には経済的だと思います。

僕の素材選びのポイントは、ちょっとだけ厚いかなと感じるような、しっかりと織り上げられた丈夫そうなものをセレクトします。何度洗って着込んでもくたびれず、形くずれしない素材がとても好きです。

洗いざらして着ていただける作品が多いので、ぜひ生地の地直しをおすすめします。地直しをせずに作ると、生地の縮みやゆがみで洗濯後、ワンサイズほど小さくなるものもあるので、必ず行なってください。

A　大好きなオックスフォード素材。無地＆ストライプ　|　B　着込んで楽しみたいビンテージ風素材。ダンガリー、マドラス、アロハ　|　C　とてもオーセンティックな素材。ビエラタータンチェック、チノ、リネンキャンバス　|　D　アウターを中心とした素材。ハリスツイード、シャギー、メルトン

about

# BUTTONS

ボタン選びもまた生地選び同様、楽しい作業です。
この書籍に使用したボタンは、デザインと素材にベストマッチするオーソドックスなものをセレクトしました。貝、ココナッツ、木、ナット、水牛、レザーバスケットなど天然素材が中心です。天然素材のボタンは高価ですが、やはり独特の光沢感や色感、質感が魅力です。現代では天然素材のボタン特有の割れやすかったり、変色したりというデメリットを解消するために、樹脂ボタンがたくさん開発されていますが、できれば天然素材を選びたいものです。
また個性をとても出しやすいディテールですので、自分好みのアンティークボタンを古着屋さんで探したりして、自分だけの一着に仕上げてみるのもよいと思います。

A　ワーク用"ねこ目"ナットボタン　|　B　塗装されたアウター用ドットボタン　|　C　きれいな茶色のナットボタン　|　D　リアルレザーを使用したバスケットボタン　|　E　貝ボタン（中）　|　F　貝ボタン（小）　|　G　貝ボタン（大）特にアウター用　|　H　アロハ用木ボタン　|　I　アロハ用ココナッツの実を使用したボタン　|　J　丈夫そうなミリタリー用ナットボタン　|　K　イカリマークがついた海軍ボタン　|　L　アメリカ、ウォーターバリー社製のメタルボタン

44

45

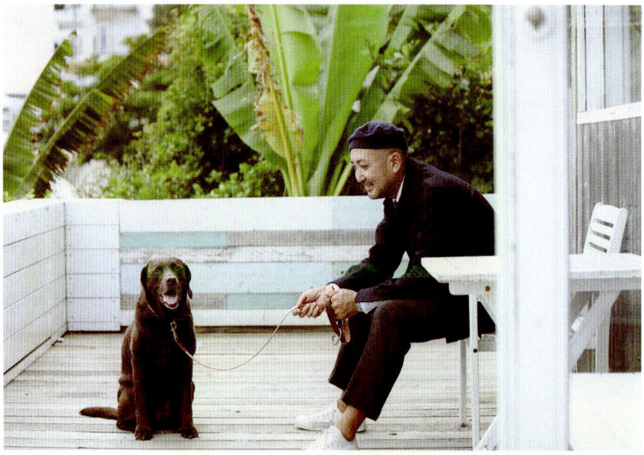
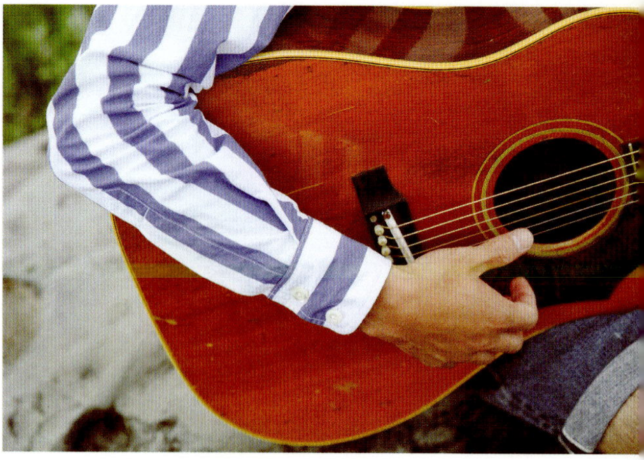
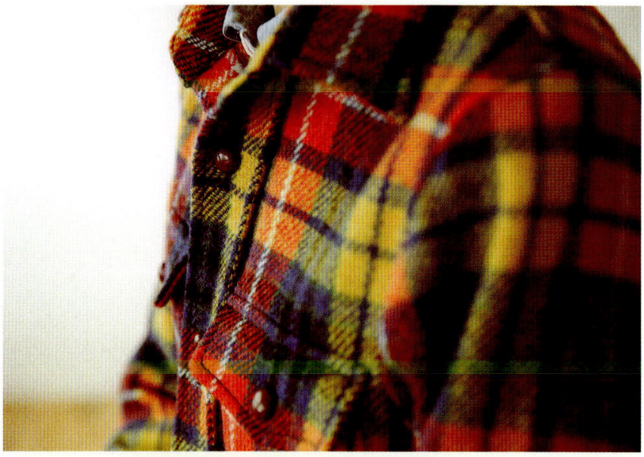
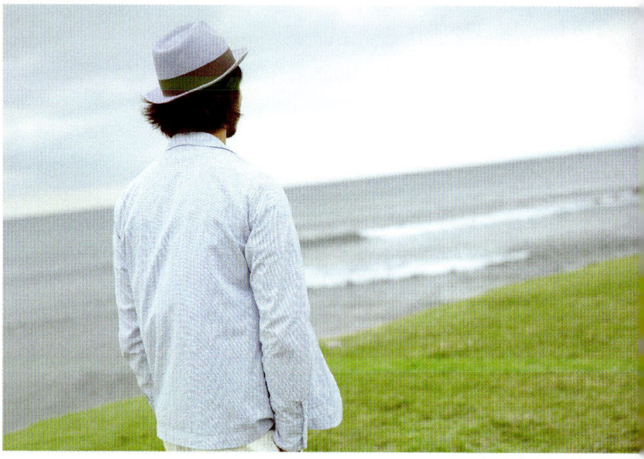
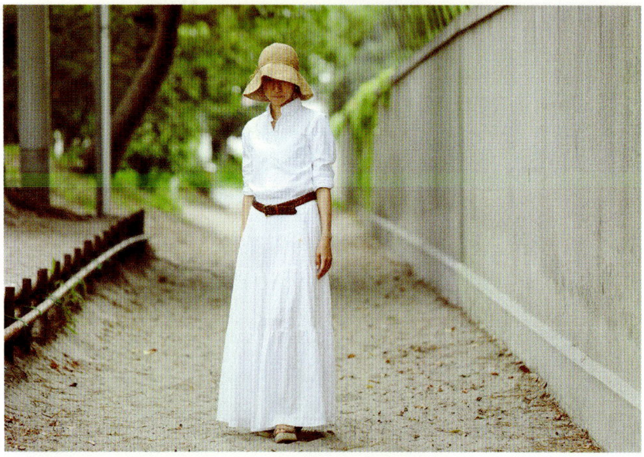

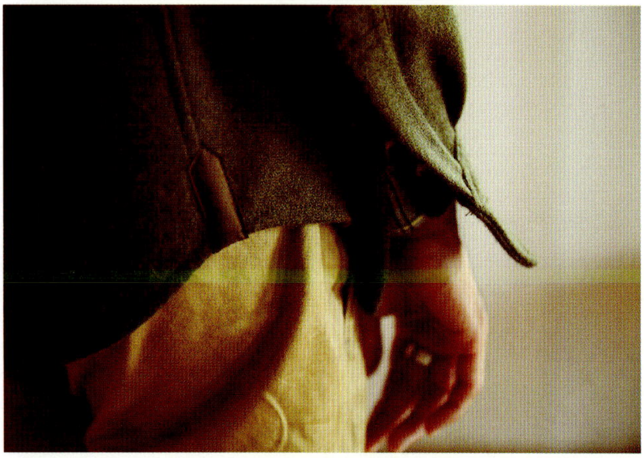
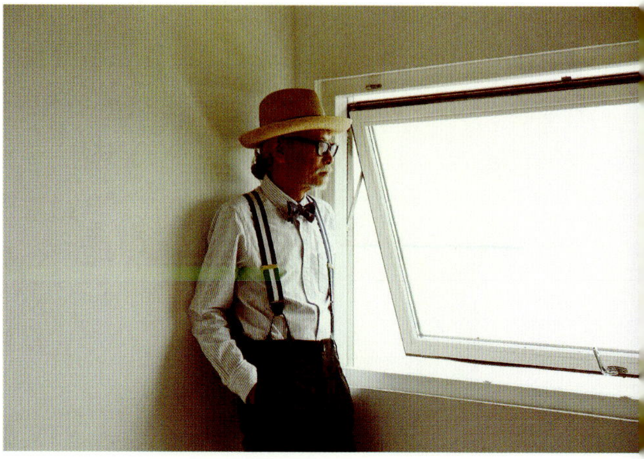

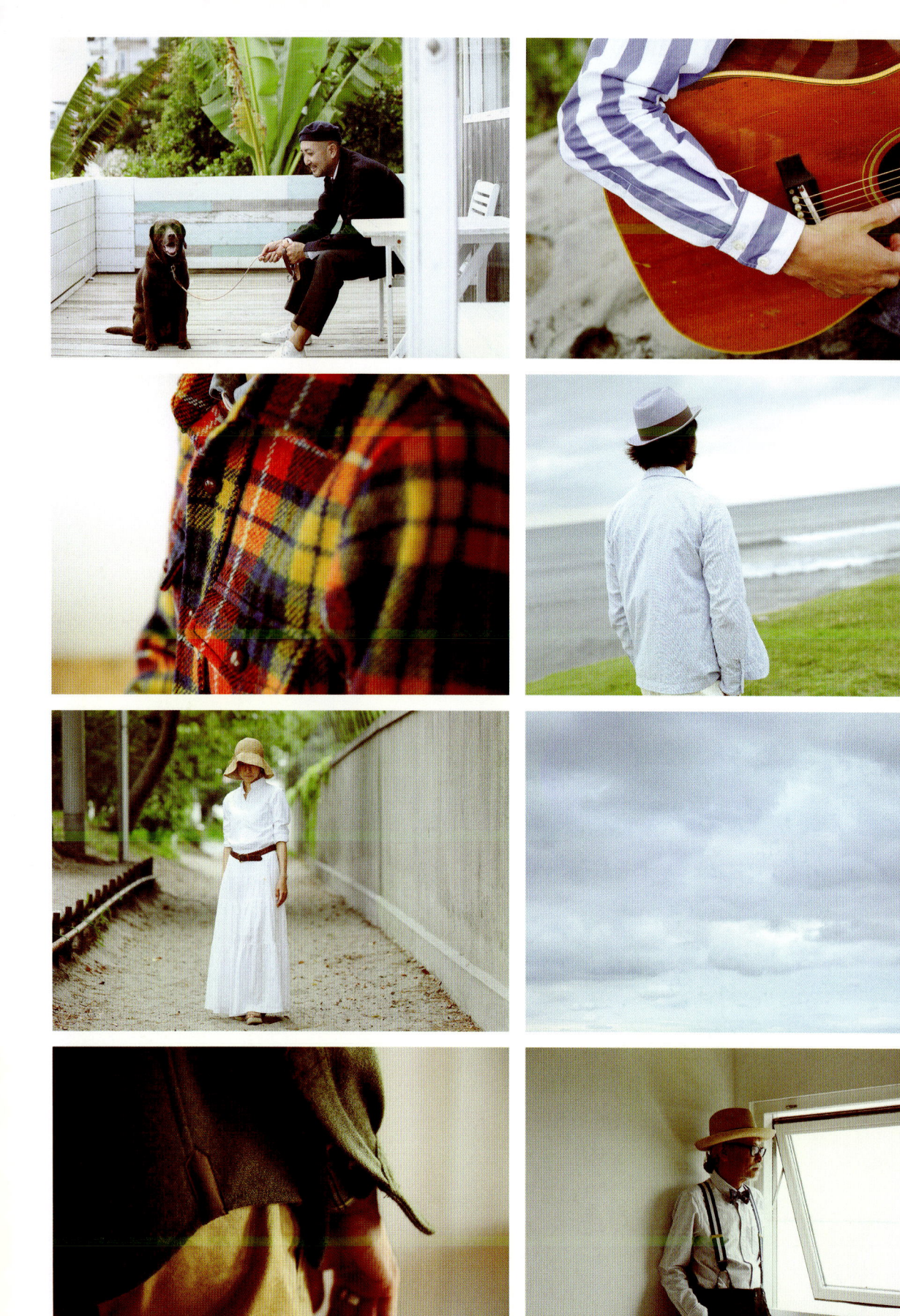

47

撮影に協力してくださったかたがたと著者。左から原晃子さん、山岸二世さん、著者、戸田吉則さん、宮内陽輔さん

# about SIZE

## サイズのこと

体に合ったシャツを作るために、まずは自分のサイズをはかりましょう。
下着かTシャツを着用して、自然な姿勢ではかります。

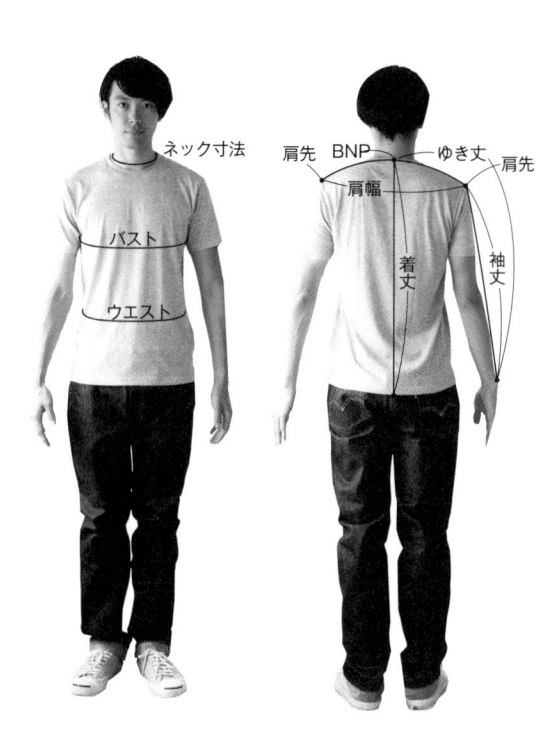

**ネック寸法**
首のつけ根よりやや上を、前で指1本ぐらいのゆとりを入れてはかる。

**バスト**
腕のつけ根の下あたりで、最も大きいところを水平に1周はかる。

**ウエスト**
腰骨の2cmくらい上を水平に1周はかる。

**肩幅**
肩先からBNPを通り、肩先までの長さをはかる。

**袖丈**
肩先から手首の骨が出ているところまでをはかる。

**ゆき丈**
BNPから肩先を通って、手首の骨が出ているところまでの長さをはかる。

**着丈**
BNPから垂直に下ろした裾までの長さ。

＊BNP（バックネックポイント）は首を前に倒したときに出る、後ろの首の中央の骨の部分。

サイズをはかったら、寸法表から自分に近いサイズを選びます。本書ではS、M、L、XL、XXLの5サイズがあります。S、Mサイズはレディースでも着られる寸法になっています。本書のシャツは体にフィットしたデザインですので、各作り方ページの出来上り寸法表と下のモデルの着装感もあわせて参考に選んでください。
サイズ選びに迷う場合には、自分の気に入っているシャツの出来上り寸法をはかり、比べるのも一つの方法です。

### 寸法表 （単位はcm）

|  | S | M | L | XL | XXL |
|---|---|---|---|---|---|
| 身長 | 150～160 | 160～170 | 170～180 | 180～185 | 185～190 |
| バスト | 78～86 | 84～92 | 90～98 | 96～104 | 102～110 |
| ウエスト | 66～74 | 72～80 | 78～86 | 84～92 | 90～98 |

Lサイズ着用

身長　177cm
バスト　103cm

身長　180cm
バスト　96cm

身長　182cm
バスト　98cm

身長　177cm
バスト　89cm

Sサイズ着用

身長　164cm
バスト　80cm

49

# about
# PATTERN

## 実物大パターンについて

本書では実物大パターンのXXLのみに縫い代がついています。
S、M、L、XLは出来上り線を写し、
XXLを参考に縫い代をつけてください。

## パターンの写し方

ハトロン紙などの白い紙に写しとります。S、M、L、XLは出来上り線を写し、XXLを参考に縫い代をつけます。XXLは出来上り線、縫い代線を写します。
そのほか、布目線、合い印、タック線、ボタン位置なども忘れずに写します。
線が混み合って写しづらい場合には、摩擦熱で消える蛍光ペンなどで線をなぞると見やすくなり、終わったあとで、消すことができるので便利です。

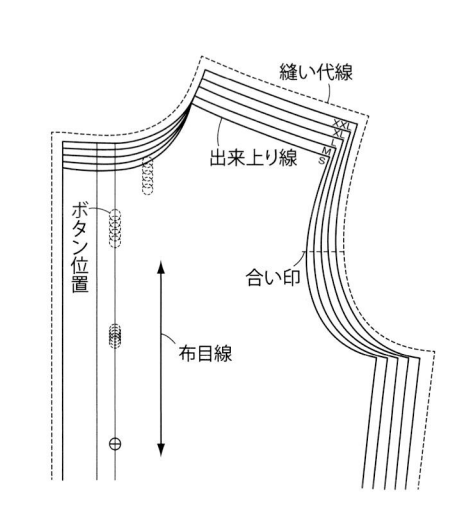

## 地直し

木綿や麻、ウールなど、スチームアイロンや洗濯などで縮む場合があるので、裁断をする前に地直しをしておきましょう。
裁ち端がゆがんでいる場合は、よこ糸を1本抜いて裁ち端をまっすぐに切りそろえます（①）。1〜2時間水に浸して（②）から陰干しをします（③）。生乾きのうちに、布端が直角になるようにアイロンで整えます（④）。
ウールの場合は布地を中表にして、両面に霧をかけてたたみ、しばらくおいてアイロンをかけて整えます。

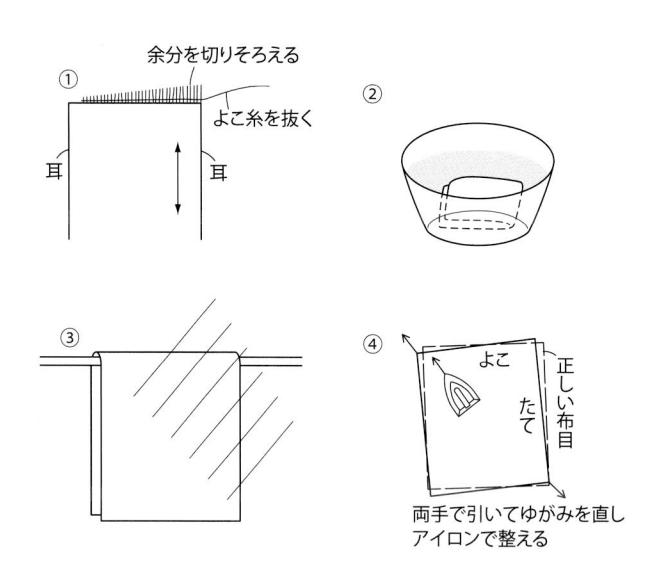

## 裁断のしかた

各作品の「裁ち方図」はLサイズで示してあります。サイズによって配置が変わることがあります。まずは、布の上にすべてのパターンを配置し、確認してから裁断しましょう。

## 接着芯のこと

メンズシャツの仕立てでは、柔らかい雰囲気に仕上げるために芯をはらない、フラシという方法を使用する場合がありますが、本書では扱いやすい接着芯を使って解説しています。

## 印つけ

縫い代つきのパターンを使用する場合には、基本的に印をつけません。裁ち端から縫い代幅に合わせてミシンをかけます。合い印の位置には縫い代に3ミリくらいの切込み（ノッチ）を入れます。ポケット位置などは目打ちで軽く穴をあけておきます。
縫う線の印がないと不安な場合には、縫い代をつけずに写したパターンで、まず出来上り線をしるし、それから縫い代の印をつけて裁断します。

## BUTTON DOWN A のシャツで作り方をマスターしましょう

スポーツシャツやドレスシャツなど本書で紹介している4つのタイプのシャツは基本的に作り方は同じです。
まずはいちばんベーシックなAで基本的な構造や流れを学びましょう。縫い代幅やステッチ幅などが細かく指定されていますが、そこをきちんと押さえると、かっちりとしたメンズらしい仕立てになります。脇や袖ぐりは折伏せ縫い始末になっています。カーブの部分など、折伏せ縫いが大変だなと思う場合は、縫い代幅をそろえて始末してください（→P.59）。

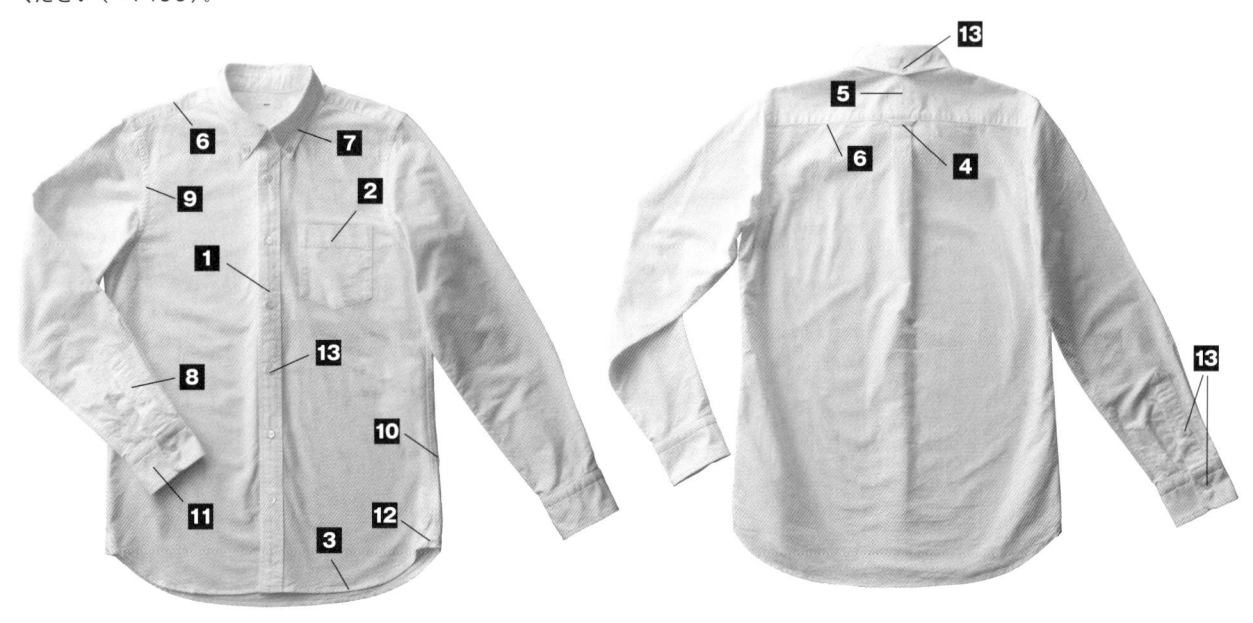

### 準備　接着芯をはる

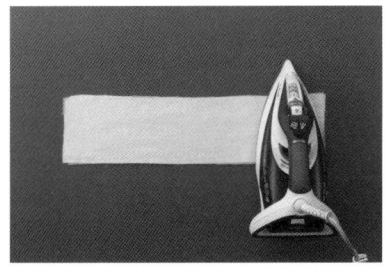

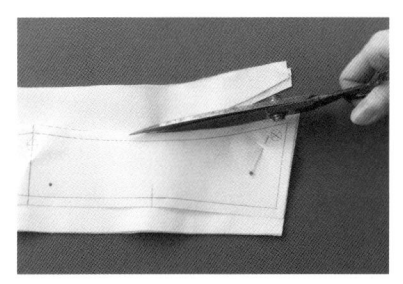

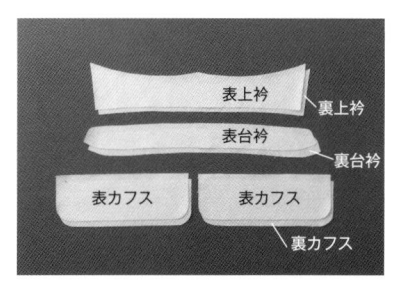

**1** 布地の裏に接着芯のざらざらした面をのせ、衿のパターンに3〜4cmの余白をつけて、布地と接着芯を粗裁ちする。アイロンを上から押すようにして少しずつずらし、接着芯をはる。

**2** パターンを当てて、裁断し直す。こうするとずれずに、きれいに接着芯がはれる。

**3** 接着芯は表上衿、表台衿、表カフスのみにはる。

## 1 前端の始末をする

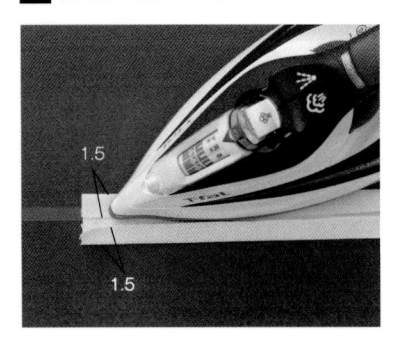

1 前立てを出来上り幅にアイロンで折る。

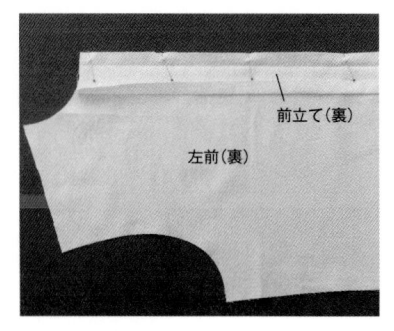

2 左前の裏に前立てをのせて前端を合わせ、まち針をとめる。

3 端から1cmのところにミシンをかける。

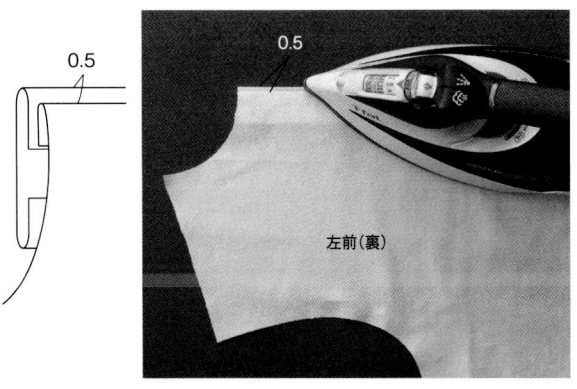

4 前立てを表に返し、アイロンで整える。

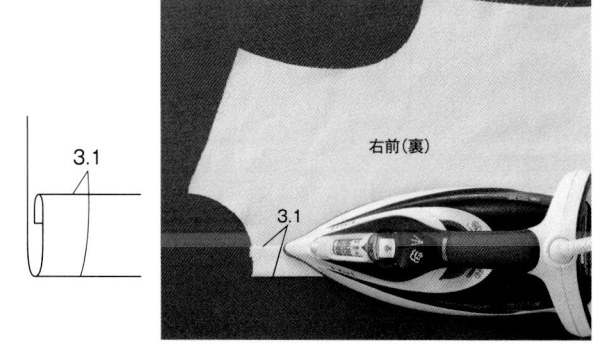

5 右前は裏に三つ折りをして、アイロンで整える。

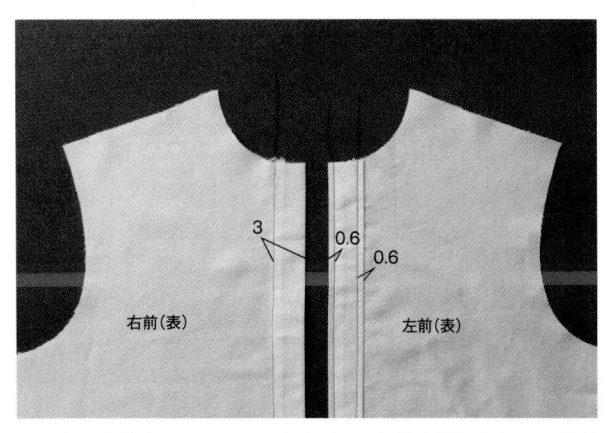

6 表から前立てにステッチをかける。右前は端から3cm、左前は0.6cmの位置にかける。

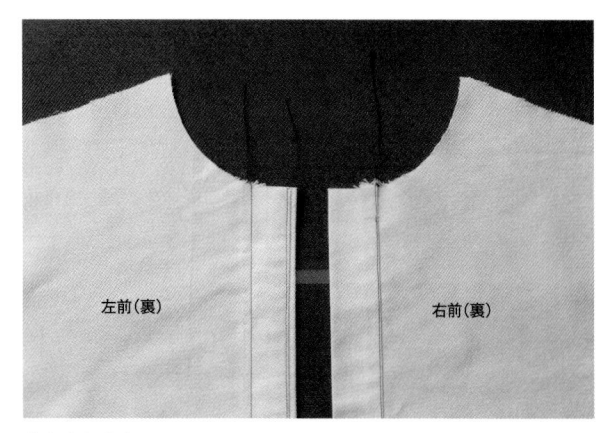

裏から見たところ。

## 2 胸ポケットをつける

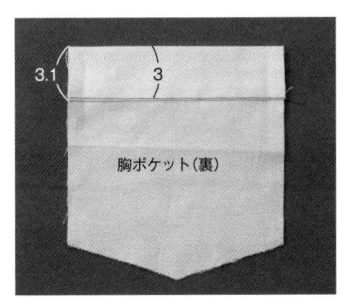

1 ポケット口は3.1cmの幅に三つ折りにし、端から3cmのところにステッチをかける。

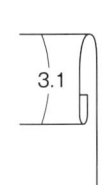

2 ポケットの出来上がりに切った厚紙を裏に当てて、縫い代をアイロンで出来上がりに折る。こうするときれいに折ることができる。

3 縫い代にのりを薄くつけ、身頃にアイロンで仮接着をする。

**あると便利なもの**
障子紙やふすま紙をはるときと同じ、でんぷんのり。紳士服では使われることが多いが、ずれずに縫うことができるので便利。間違えても簡単にはがれ、またはり直すことができる。ヨーグルトくらいの固さに水で薄めて使用する。

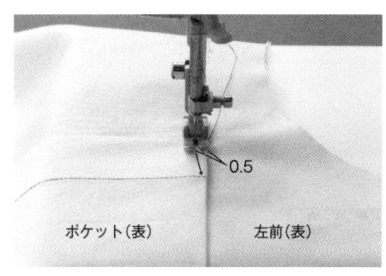

4 ポケットを縫いとめる。ポケットの端から0.5cm内側に入ったところからスタートして、斜めに縫う。

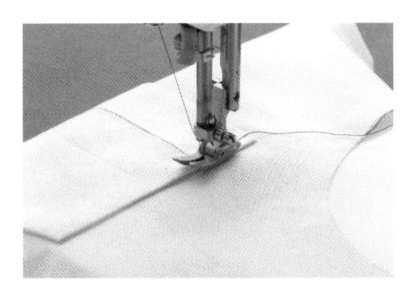

5 ポケット口のステッチのところで針を下ろして止める。

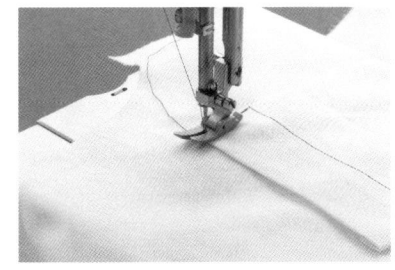

6 方向を変え、今ステッチしたところを重ねて縫う。

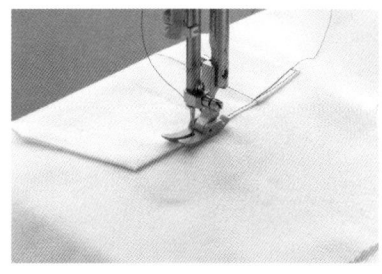

7 ポケット口まで戻ったら、三角形を描くように返し縫いで縫い、端から0.1cmのところをそのまま続けてステッチをかける。

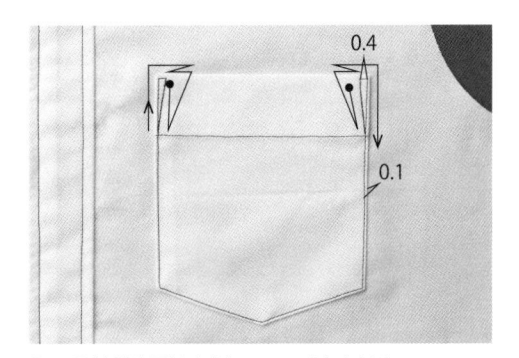

8 反対側も同じようにステッチをかける。

## 3 裾の始末をする

**1** 裾の出来上り線を写した厚紙を裏に当てて、アイロンで縫い代を出来上りに折る。厚紙に折り代幅の線を入れておくと便利。

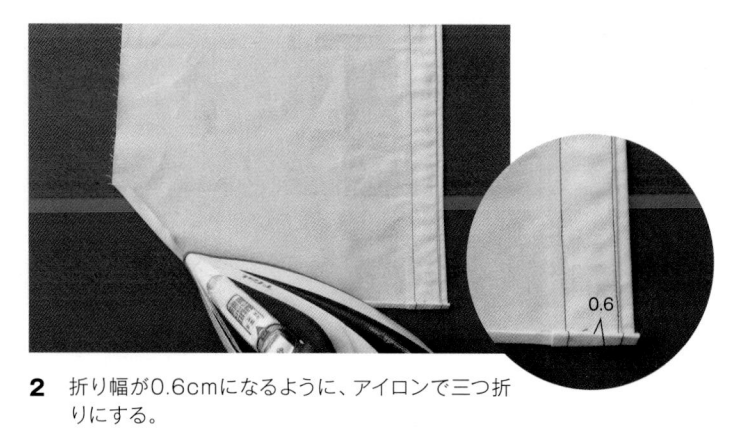

**2** 折り幅が0.6cmになるように、アイロンで三つ折りにする。

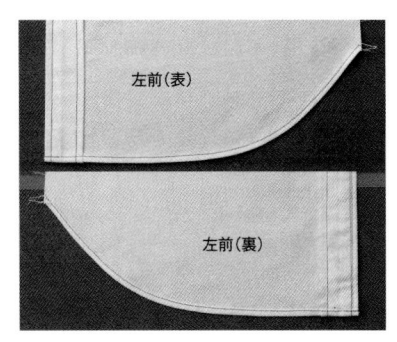

**3** 表から0.5cmのところにステッチをかける。右前、後ろの裾も同じようにステッチをかける。

## 4 後ろのタックをたたみ、ループをつける

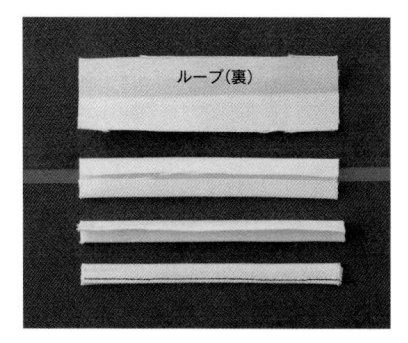

**1** ループを作る。ループ布をアイロンで四つ折りにし、端から0.1cmのところを縫う。縫い終わったら7cmにカットする。

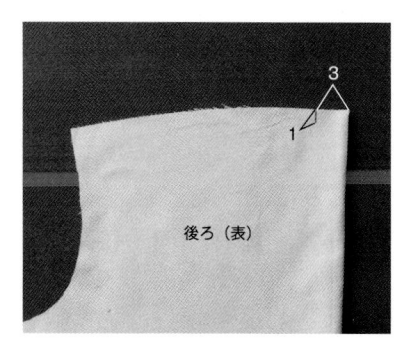

**2** 後ろを外表に折り、タックの陰ひだ分の縫い代を1cm縫う。

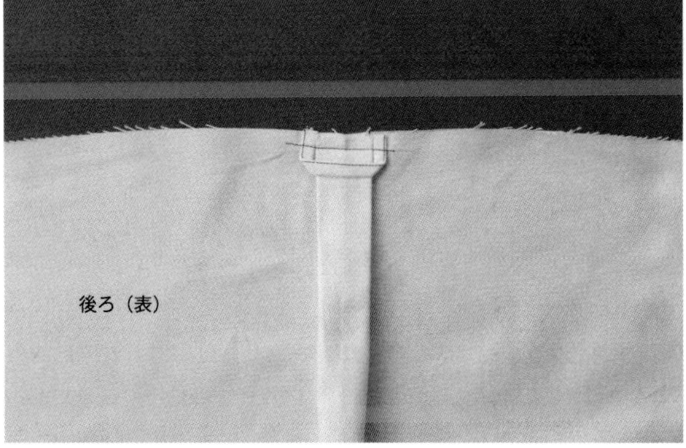

**3** タックをたたみ、ループを縫い代にとめるミシンをかける。

## 5 ヨークの後ろ中心を縫う

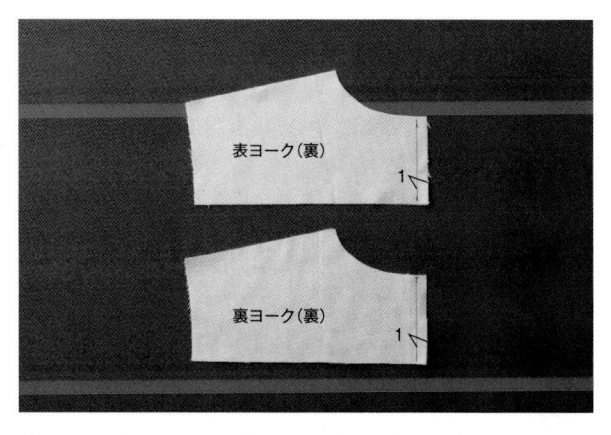

表ヨーク、裏ヨークそれぞれの後ろ中心を縫い、縫い代はアイロンで割る。

## 6 ヨークをつける

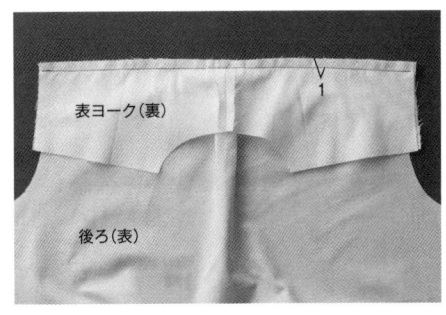

**1** 表ヨーク、裏ヨークを中表にして後ろをはさみ、3枚一緒に縫う。

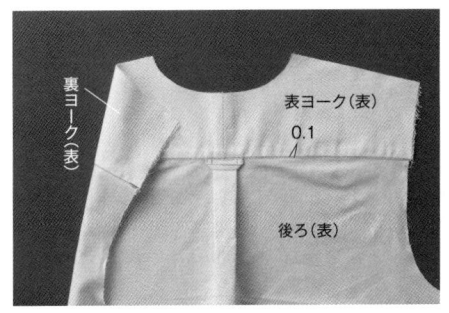

**2** 表ヨーク、裏ヨークとも表に返し、アイロンで整える。表から、ヨークの端から0.1cmのところにステッチをかける。

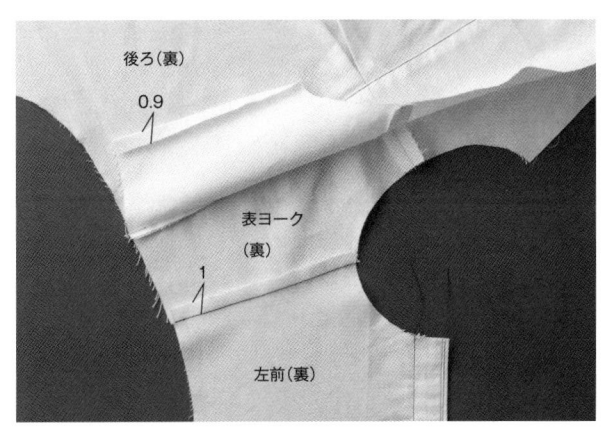

**3** 前に表ヨークをつける。左前と表ヨークを中表に合わせて縫う。裏ヨークはアイロンで0.9cmに折り、左前にかぶせてのりで仮どめ(p.53参照)しておく。

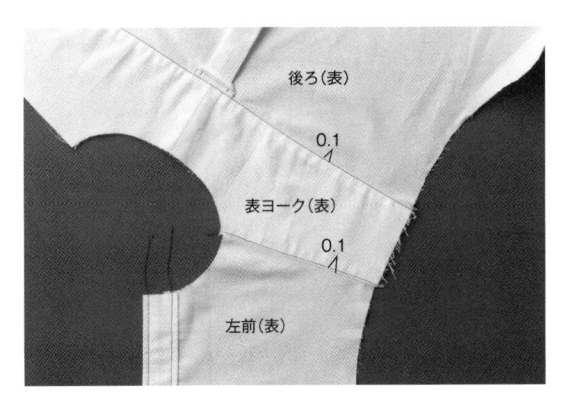

**4** 表から、ヨークの端から0.1cmのところにステッチをかける。右前も同じようにヨークをつける。

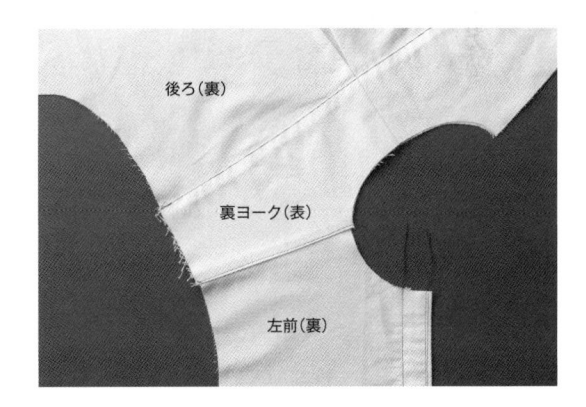

裏から見たところ。

## 7 衿を作り、つける

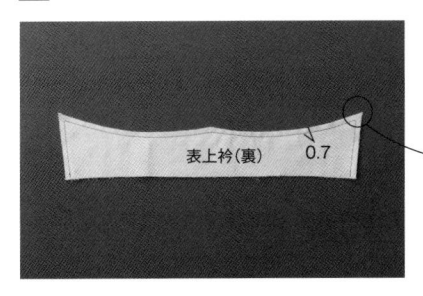

**1** 表上衿と裏上衿を中表に合わせて端から0.7cmのところを縫う。

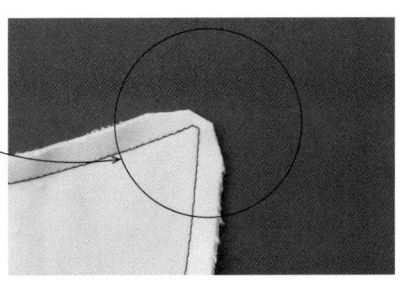

衿の角は1針だけ横に縫う。こうすると衿をきれいに返すことができる。先端の余分な縫い代はカットする。

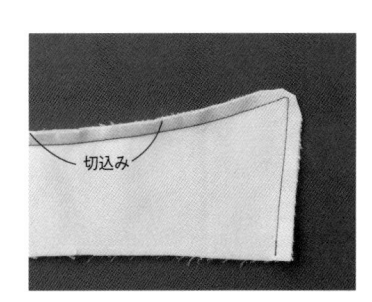

**2** 縫い代のカーブの部分に切込みを入れる。縫い目は切らないように注意する。

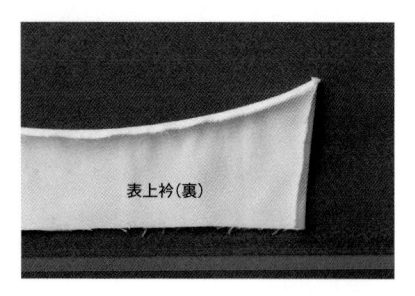

**3** ミシン目の際から表上衿側にアイロンで折る。

**4** 衿先の縫い代を、親指と衿の中から人さし指で押さえて表に返す。

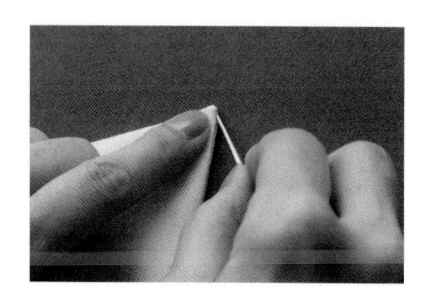

**5** 目打ちの先を使って、押し出すように衿先を整える。

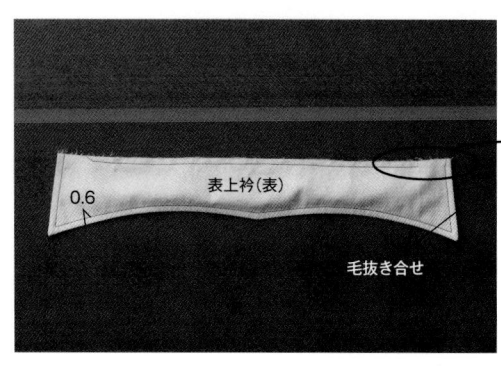

**6** 衿の外回りは毛抜き合せにしてアイロンで整え、ステッチをかける。

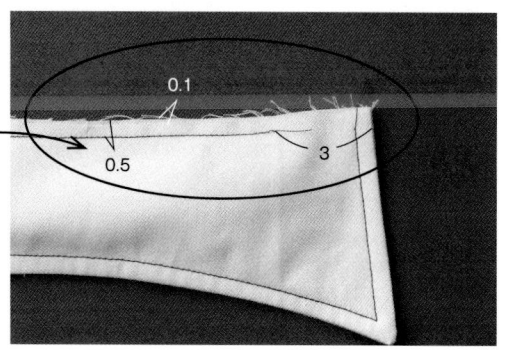

表上衿を0.1cm控えて端から0.5cmのところに仮どめのミシンをかける。両端3cmは縫い残す。

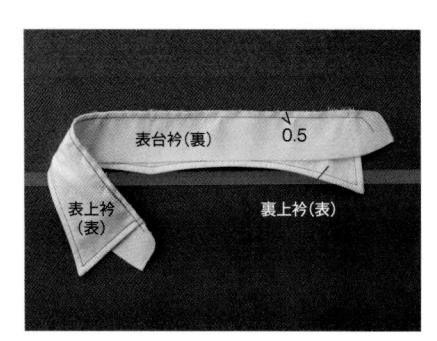

**7** 裏上衿の上に表台衿を中表にして重ね、仮どめのミシンをかける。

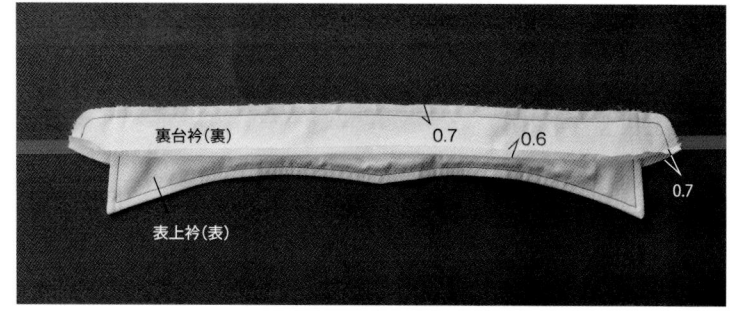

**8** 裏台衿はつけ側をアイロンで0.6cm折り、中表にして重ねて表台衿まで通して縫う。両端は出来上りで縫い止める。

**9** 台衿のカーブの部分は縫い代を少しカットする。

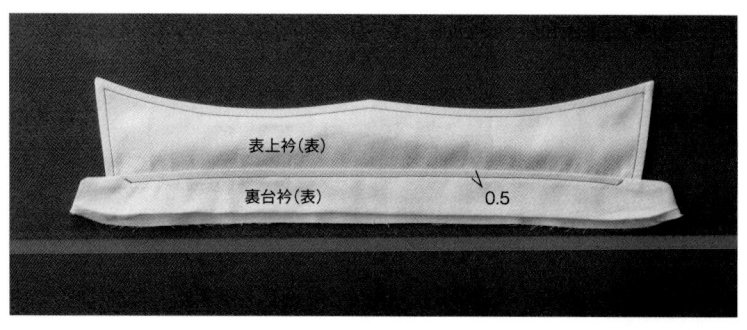

**10** 台衿を表に返し、アイロンで整える。裏台衿側から、台衿の上端から0.5cmのところにステッチをかける。

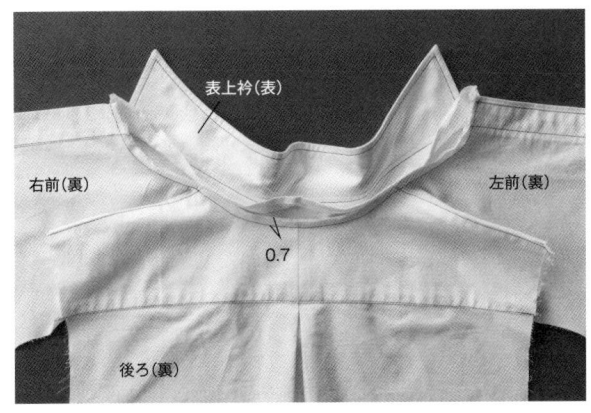

11 裏台衿をよけ、表台衿と前後身頃の衿ぐりを中表に合わせて端から0.7cmのところを縫う。衿ぐりはカーブがきついので、しつけをかけてからミシンをかけるとよい。

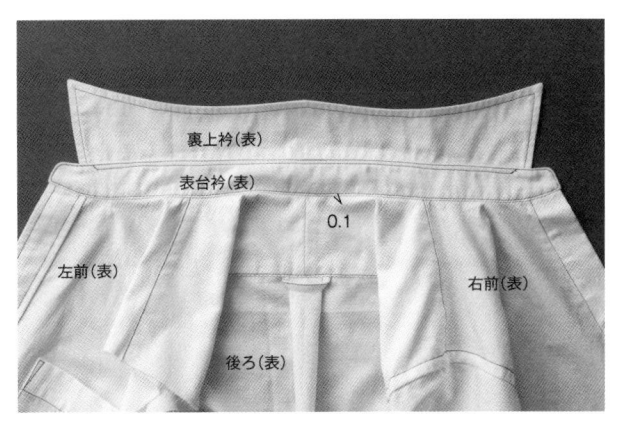

12 裏台衿を縫い目にかぶせてしつけをかけ、表台衿側から端から0.1cmのところにぐるりとステッチをかける。

### 8 袖口に剣ボロあきを作る

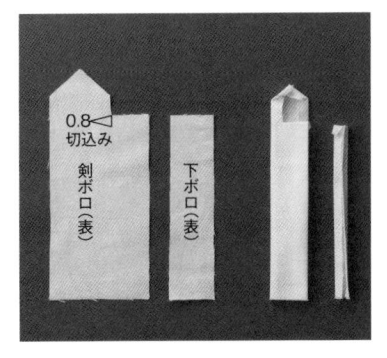

1 剣ボロと下ボロはアイロンで出来上りに折る。下ボロは四つ折りにする。剣ボロと下ボロとも裏側が0.1cm出るように 裏側の縫い代を0.9cmに折る。

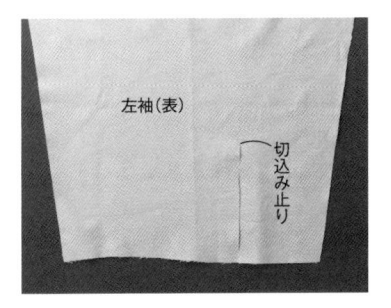

2 袖の切込み止りまで切込みを入れる。

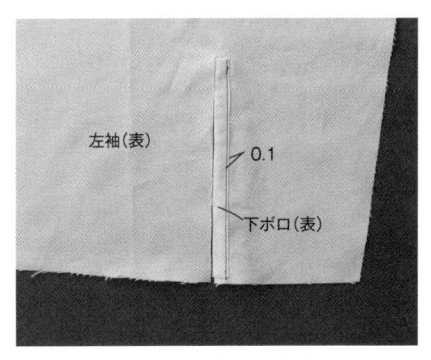

3 切込みと下ボロの折り山を合わせてはさみ、のりで仮どめ（p.53参照）して表側からステッチをかける。

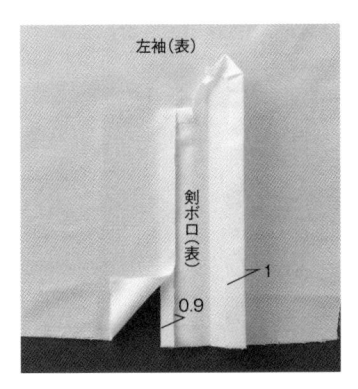

4 もう片方にも剣ボロをはさみ、のりづけする。

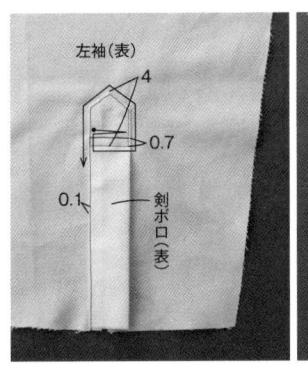

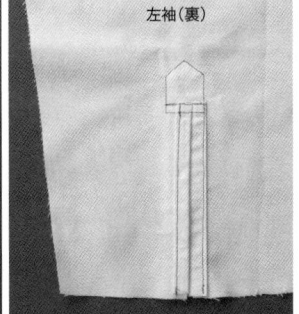

5 下ボロと重ねて、端から0.1cmのところをステッチでとめる。右袖は左右対称につける。

## 9 袖をつける（折伏せ縫い）

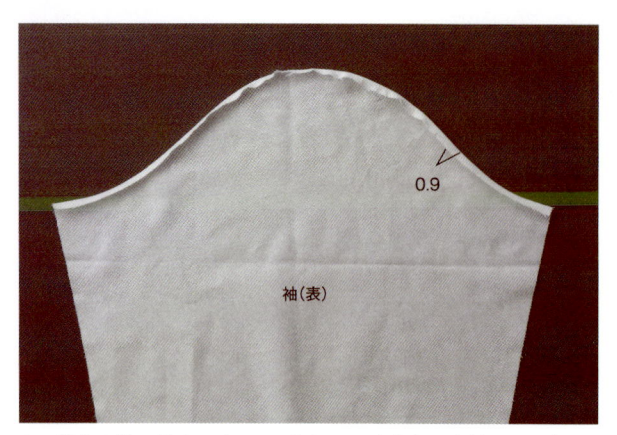

1　袖山の縫い代をアイロンで0.9cmにあらかじめ折っておく。

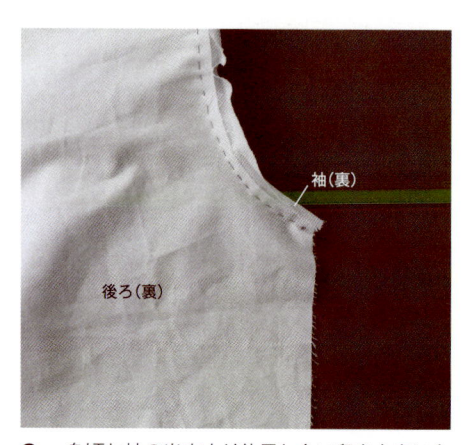

2　身頃と袖の出来上り位置と合い印を中表に合わせて、ずれないようにしつけをかける。

3　袖ぐりを縫う。前脇は1.2cm、後ろ脇は0.6cm縫い残す。

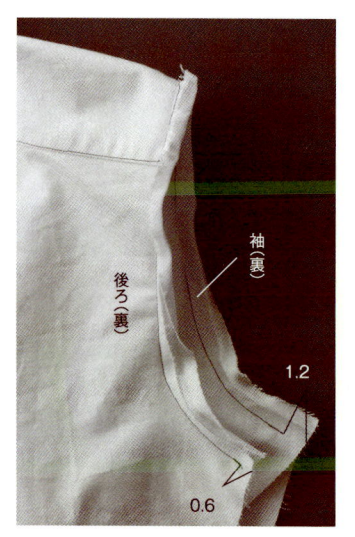

4　袖の縫い代を身頃側に倒してしつけをかける。

5　表から1cmのところにステッチをかける。

## 10 袖下、脇を縫う（折伏せ縫い）

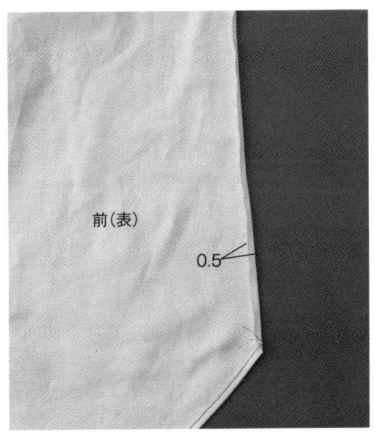

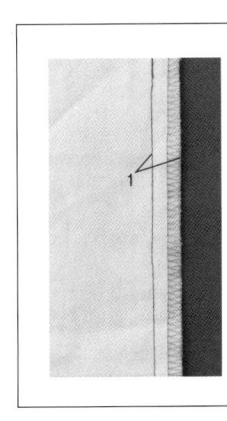

**1** 前の縫い代をアイロンで0.5cmにあらかじめ折っておく。

### ロックミシンまたはジグザグミシンで始末する場合

折伏せ縫いが大変だなと思う場合には縫い代幅を前後同じ1cmにして、2枚一緒にロックミシン、またはジグザグミシンをかけて始末しましょう。

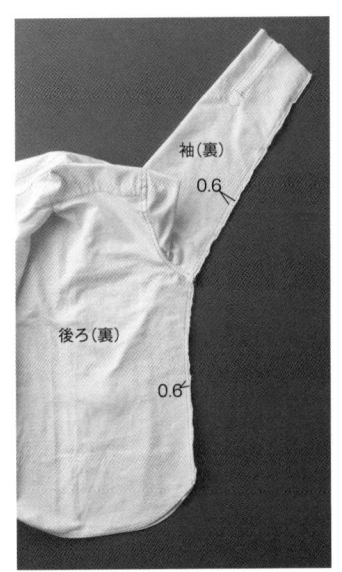

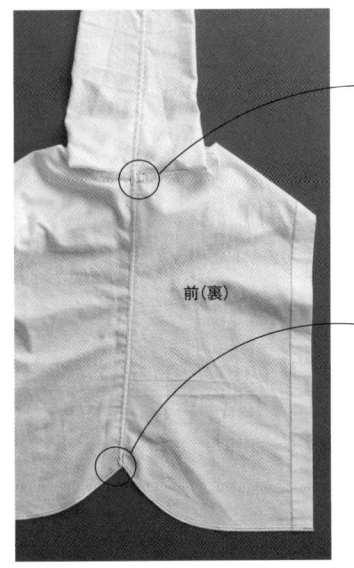

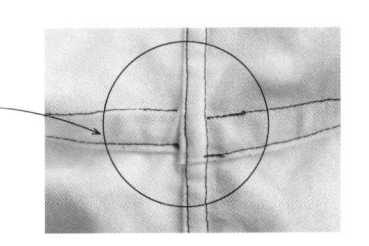

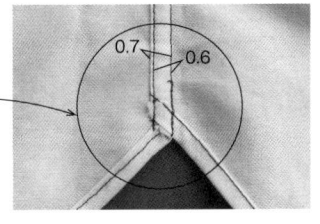

**2** 前と後ろの身頃の出来上り位置を中表に合わせ、袖から脇を続けて縫う。

**3** 後ろ側に倒してしつけをかけ、表側から0.6cmのステッチをかける。

## 11 袖口にカフスをつける

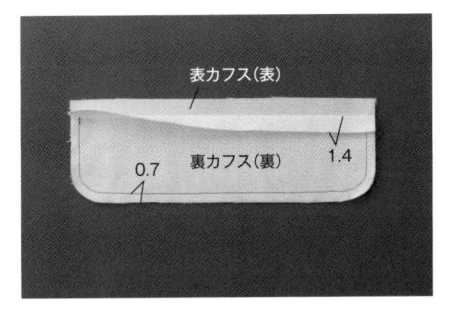

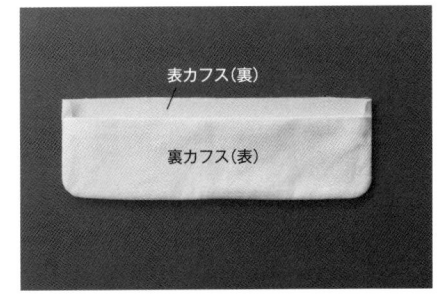

**1** 裏カフスはつけ側をアイロンで1.4cmにあらかじめ折っておく。表カフスと中表に合わせて、端から0.7cmのところを縫う。カーブの部分は少しカットする（p.56-9参照）。

**2** 表に返し、毛抜き合せにしてアイロンで整える。

**3** タックをたたんで縫い代に仮どめミシンをする。

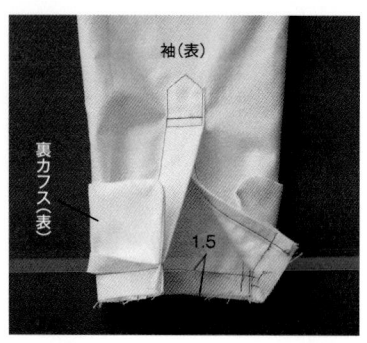

4 表カフスと袖を中表に合わせて端から1.5cmのところを縫う。

5 カフスを表に返して整え、のりで仮づけ（p.53参照）して表側から縫い目の際から0.1cmのところにステッチをかける。

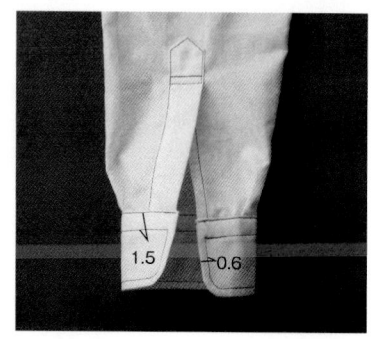

6 同様に表側からステッチをかける。

## 12 脇裾にガゼットをつける

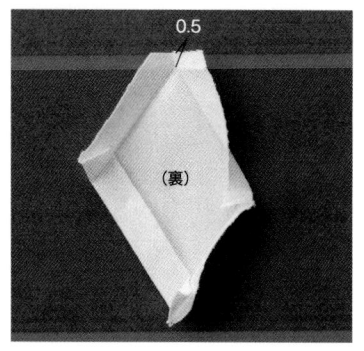

1 ガゼットは出来上りにアイロンで折る。三角のとがった部分は縫い代をカットする。

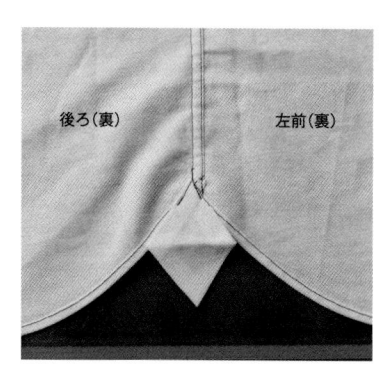

2 裏にガゼットを当てて上端を縫いとめる。

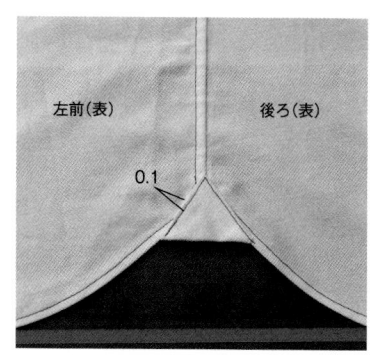

3 表に折り返し、端から0.1cmのところにステッチをかける。

## 13 ボタンホールを作り、ボタンをつける

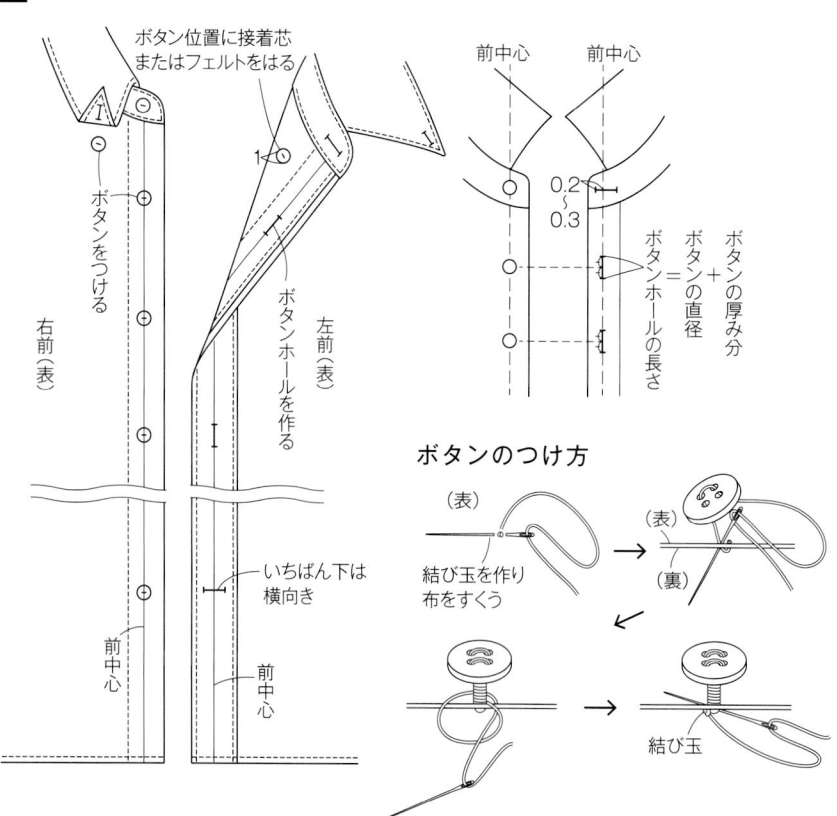

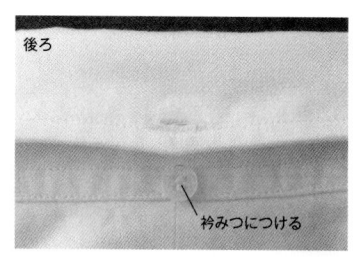

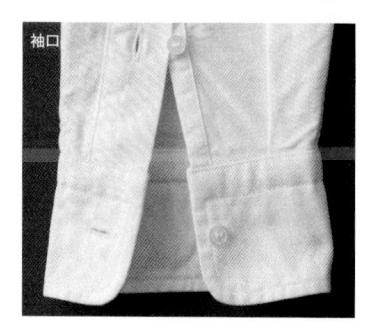

ボタンのつけ方

結び玉を作り布をすくう

結び玉

ボタンの厚み分 + ボタンの直径 = ボタンホールの長さ

いちばん下は横向き

前

後ろ

衿みつにつける

袖口

60

# BUTTON DOWN A  page 8,9   実物大パターン A,C,D 面

## 素材
白無地とブルーストライプはオックスフォード。たて糸は2本引きそろえ、よこ糸はたて糸より太いものを1本打ち込んだ平織り素材です。通気性がよくしわになりにくいのが特長です。しっかりと織り上げられた少し肉厚のタイプを選ぶといいでしょう。タータンチェックはコットンビエラ。表面に少し起毛感がある綾織り素材です。秋冬シーズンに最適な暖かさと肌ざわりのよさが特長です。タータンチェックは16世紀ごろから愛用されたスコットランド発祥の民俗柄で家紋としての役割があり、身分によって単色から王族は7色までと色数が決められていました。

## ディテール
シルエットは現代的にスマートに見えるようにしています。芯地は衿、カフス共に洗い後の雰囲気をよくするため"フラシ芯"を使用していますが、難しい手法なので皆さんにはふくらみがあって柔らかい接着芯をおすすめします。貝ボタンは割れやすいデメリットはありますが、天然の高級感が魅力です。ステッチは60番のスパン糸を使用し3cm間に18針が目安になります。

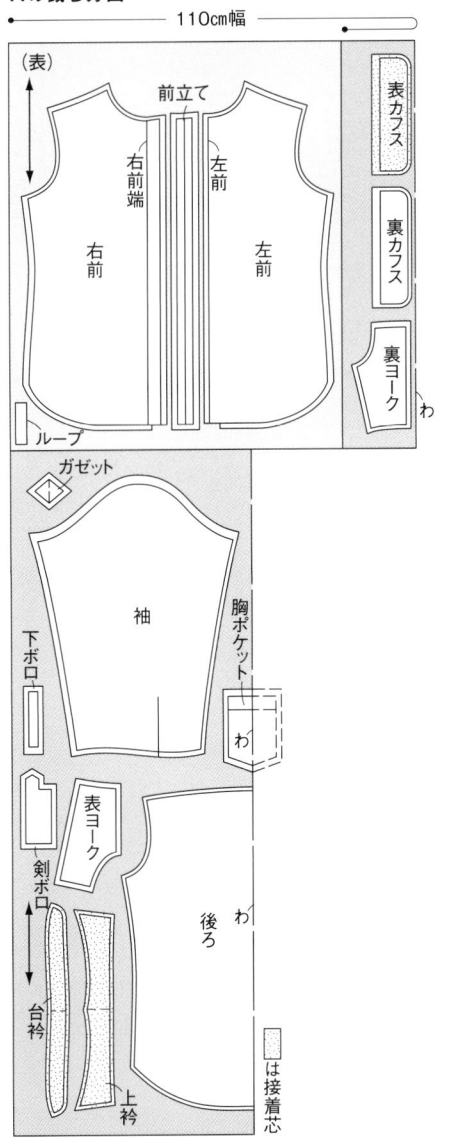

## 材料
白無地オックスフォード、オックスフォードストライプ＝110cm幅S・M2.3m、L・XL・XXL2.4m
ビエラ起毛チェックネービー、ビエラ起毛チェックレッド＝112cm幅2.5m（全サイズ共通）
接着芯（表上衿、表台衿、表カフス）＝90cm幅60cm
ボタン＝直径10mmを9個（フロント、台衿、カフス）、9mmを5個（衿先、衿みつ、剣ボロ）

### 出来上り寸法表
(単位cm)

|  | S | M | L | XL | XXL |
|---|---|---|---|---|---|
| ネック寸法 | 38 | 39.5 | 41 | 42.5 | 44 |
| 着丈 | 72 | 74 | 76 | 78 | 80 |
| 肩幅 | 41.6 | 42.8 | 44 | 45.2 | 46.4 |
| 袖丈 | 59.5 | 61.5 | 63.5 | 64.5 | 65.5 |
| ゆき丈 | 80.3 | 82.9 | 85.5 | 87.1 | 88.7 |
| バスト回り | 102 | 106 | 110 | 114 | 118 |
| ウエスト回り | 95 | 99 | 103 | 107 | 111 |
| 裾回り | 98.7 | 102.7 | 106.7 | 110.7 | 114.7 |
| 袖口幅 | 21.5 | 22 | 22.5 | 23 | 23.5 |

作り方はp.51

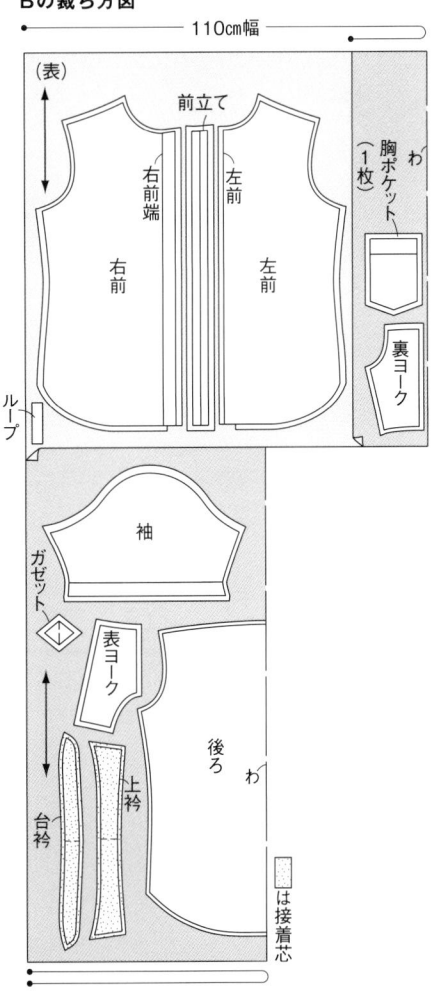

## SMALL BUTTON DOWN B　page 10,11　実物大パターン A,B,C 面

**素材**
白無地、クレイジーパターン共にオックスフォードを使用しています。クレイジーパターン（カラー配色）には決まったルールはありませんが、とてもアメリカ的なユーモアを感じるアイデアです。無地の組合せ以外にも無地×柄や柄×柄などバリエーションが豊富です。

**作り方**
準備…表上衿、表台衿に接着芯をはる（→p.51）
1　前端の始末をする（→p.52）
2　ポケットをつける（→p.53）
3　裾の始末をする（→p.54）
4　後ろのタックをたたみ、ループをつける（→p.54）
5　ヨークの後ろ中心を縫う（→p.54）
6　ヨークをつける（→p.55）
7　衿を作り、つける（→p.55）
8　袖口を三つ折りにして縫う（→p.63）
9　袖をつける（→p.58）
10　袖下、脇を縫う
11　脇裾にガゼットをつける（→p.60）
12　ボタンホールを作り、ボタンをつける（→p.60）

**ディテール**
長袖のBUTTON DOWN Aも同様ですが、バックスタイルの特長的なデザインとして衿の後ろ中心にもボタンがつきます。これはブランドによっては消滅しているディテールですが、フロント同様衿がはねない機能性としてデザインされています。

**材料**
白無地オックスフォード＝110cm幅S・M1.9m、L・XL・XXL2m
オックスフォード＝ブルー（後ろ、右前、上衿）112cm幅1.3m、レッド（左前、ループ）112cm幅80cm、グリーン（左袖、ヨーク、上前立て、ガゼット）112cm幅80cm、イエロー（右袖、台衿、胸ポケット）112cm幅60cm
接着芯（表上衿、表台衿）＝90cm幅 60cm
ボタン＝直径10mmを7個（フロント、台衿）、直径9mmを3個（衿先、衿みつ）

**出来上り寸法表**　　　　　　　　　　　　　　（単位cm）

|  | S | M | L | XL | XXL |
|---|---|---|---|---|---|
| ネック寸法 | 38 | 39.5 | 41 | 42.5 | 44 |
| 着丈 | 70 | 72 | 74 | 76 | 78 |
| 肩幅 | 41.6 | 42.8 | 44 | 45.2 | 46.4 |
| 半袖丈 | 23.5 | 24 | 24.5 | 25 | 25.5 |
| ゆき丈 | 44.3 | 45.4 | 46.5 | 47.6 | 48.7 |
| バスト回り | 102 | 106 | 110 | 114 | 118 |
| ウエスト回り | 95 | 99 | 103 | 107 | 111 |
| 裾回り | 98.7 | 102.7 | 106.7 | 110.7 | 114.7 |
| 袖口幅 | 33 | 34 | 35 | 36 | 37 |

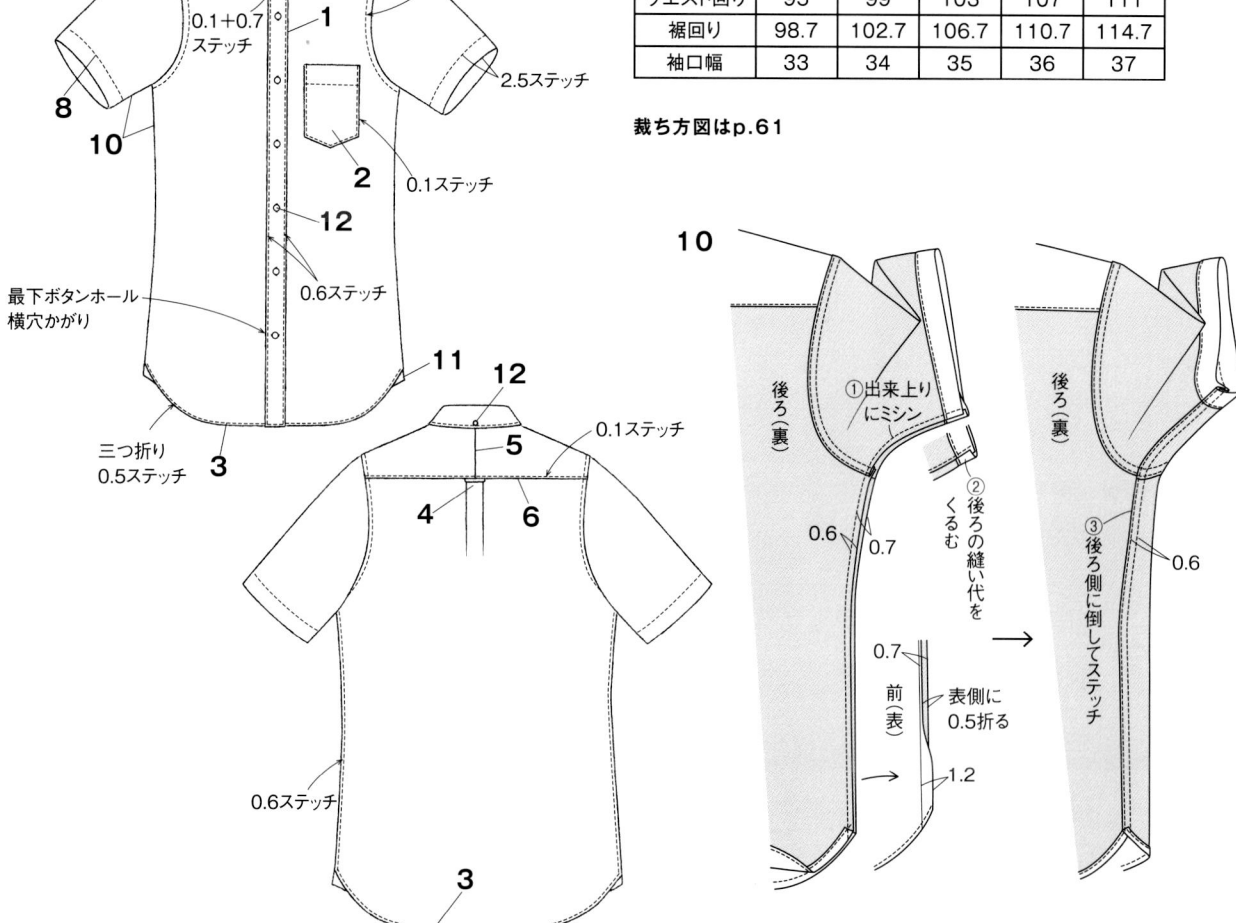

裁ち方図はp.61

# SMALL BUTTON DOWN C  *page* 12,13   実物大パターン A,B,C 面

## 素材
白無地はオックスフォード。マドラスチェックのパッチワークはインド製です。インドのマドラス地方で織られた綿の平織物で、着込むほどに色が少しずつフェードしていき、独特で素朴な表情が魅力です。デニムとの相性もバツグンです。1920年ごろからアメリカでシャツやショーツとして使用されたのが始まりです。

## 作り方
準備…表上衿、表台衿に接着芯をはる(→p.51)
1. 前端の始末をする(→p.64)
2. ポケットをつける(→p.53)
3. 裾の始末をする(→p.54)
4. 後ろのタックをたたみ、ループをつける(→p.54)
5. ヨークの後ろ中心を縫う(→p.54)
6. ヨークをつける(→p.55)
7. 衿を作り、つける(→p.55)
8. 袖口を三つ折りにして縫う
9. 袖をつける(→p.58)
10. 袖下、脇を縫う(→p.62)
11. 脇裾にガゼットをつける(→p.60)
12. ボタンホールを作り、ボタンをつける

## ディテール
SMALL BUTTON DOWN Bに対して衿型は同じでも、着丈はより短くしボトムから出して着ていただきたい設定にしています。

## 材料
白無地オックスフォード=110cm幅 S・M=1.9m、L・XL・XXL=2m
パッチワークマドラス=108cm幅 S・M1.9m、L・XL・XXL=2m
接着芯(表上衿、表台衿)=90cm幅60cm
ボタン=直径10mmを4個(フロント、台衿)、直径9mmを2個(衿先)

### 出来上り寸法表
(単位cm)

|  | S | M | L | XL | XXL |
|---|---|---|---|---|---|
| ネック寸法 | 38 | 39.5 | 41 | 42.5 | 44 |
| 着丈 | 69 | 71 | 73 | 75 | 77 |
| 肩幅 | 41.6 | 42.8 | 44 | 45.2 | 46.4 |
| 半袖丈 | 23.5 | 24 | 24.5 | 25 | 25.5 |
| ゆき丈 | 44.3 | 45.4 | 46.5 | 47.6 | 48.7 |
| バスト回り | 102 | 106 | 110 | 114 | 118 |
| ウエスト回り | 96 | 100 | 104 | 108 | 112 |
| 裾回り | 101 | 105 | 109 | 113 | 117 |
| 袖口幅 | 33 | 34 | 35 | 36 | 37 |

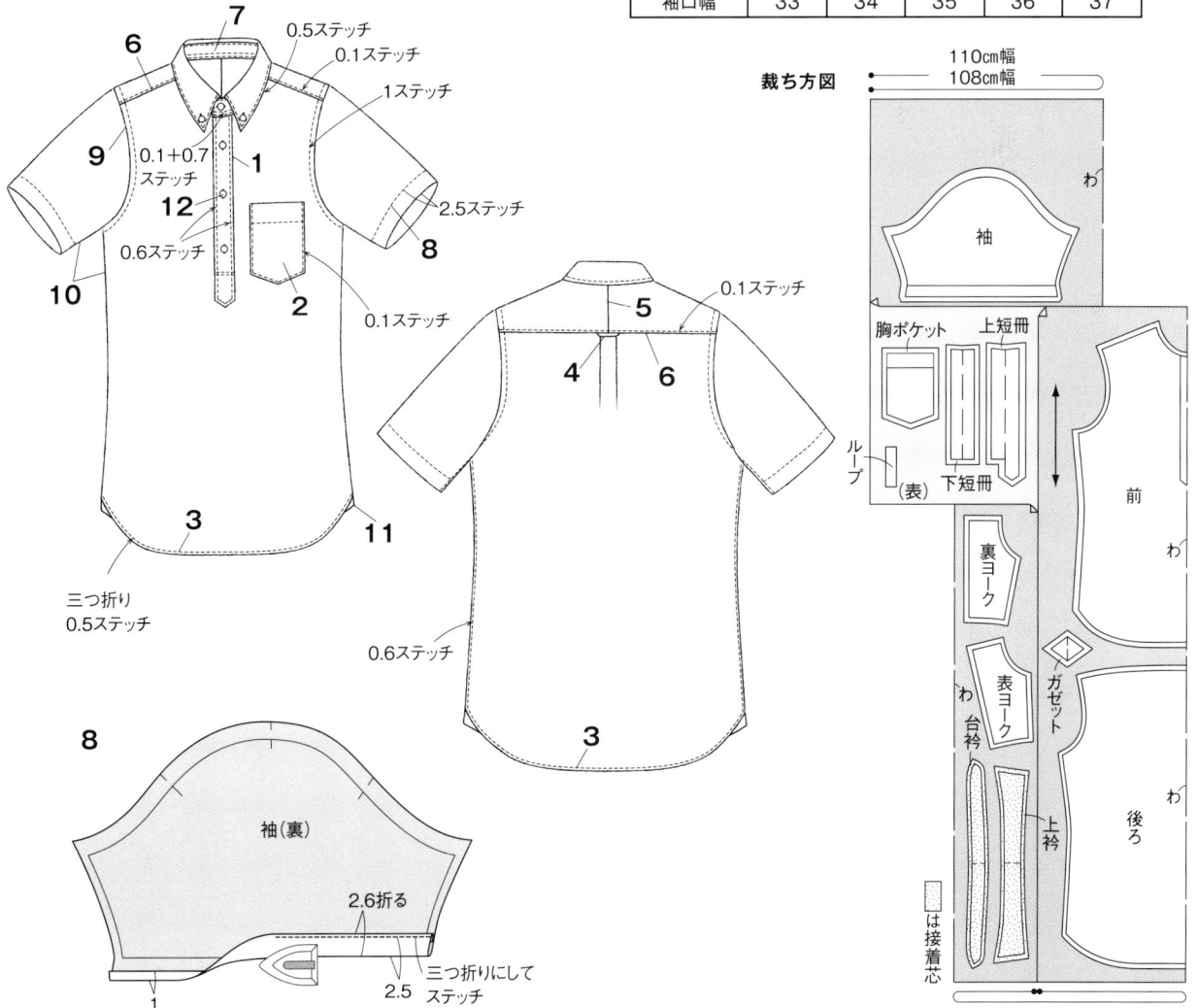

**1**

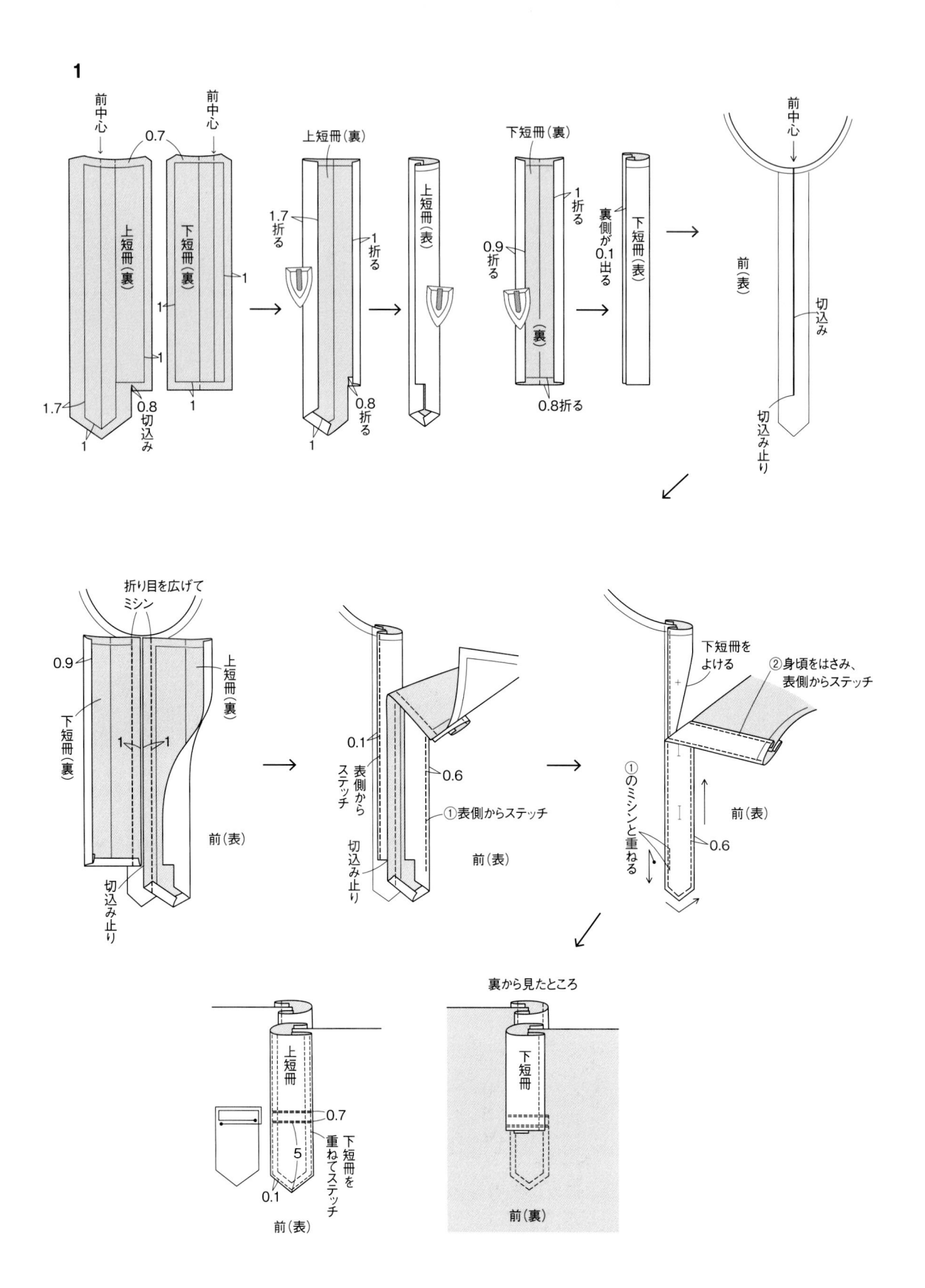

# ALOHA OPEN D  page 14,15  実物大パターン A,B,C 面

## 素材
アロハシャツのもともとの素材は着物のシルク。1950年代にレーヨン、1960年代にポリエステルやコットンの素材が使われるようになりました。当時のアロハシャツの生地はプリント技術の高い日本の京都でよく作られていました。今回の作品はコットン100％素材でビンテージ感のある柄に合わせてザックリした織りやむら糸を使用して作られています。着込むと味が出る素材です。

## ディテール
ネクタイをしない衿型、裾は出して着るようにストレートカット。夏を代表する開放的なデザインでシルエットは少しスマート見えるようにしています。芯地は今回のプリント生地が少し厚みのあるタイプなので 衿、見返し共に使用していません。芯地がないほうが洗った後でよりナチュラルな表情が生まれます。ステッチは60番のスパン糸を使用し3cm間に18針が目安になります。

## 作り方
準備…表衿に接着芯をはる（→p.51）。
　　　　見返しの奥にロックミシンをかける
1　ポケットをつける（→p.53）
2　見返しの奥を二つ折りにして縫い、表ヨークと裏ヨークで身頃をはさんで縫う。ただし裏ヨークの前側は後から見返しをはさむためしつけにしておく（→p.66）
3　ループを衿ぐりにつける（→p.66）
4　衿を作り、つける（→p.66）
5　袖口を三つ折りにして縫う（→p.63）
6　袖をつける（縫い代は身頃側に倒して折伏せ縫い）（→p.82）
7　袖下、脇をスリット止りまで縫い、スリットを作る（縫い代は後ろ側に倒して折伏せ縫い）（→p.67）
8　裾を三つ折りにして縫う（→p.67）
9　ボタンホールを作り、ボタンをつける（→p.67）

## 材料
ビンテージアロハ（イエロー）＝110幅S・M2m、L・XL・XXL2.1m
ビンテージアロハ（ネービー）＝108cm幅S・M2m、L・XL・XXL2.1m
接着芯（表衿）＝20×60cm
ボタン＝直径13mmを5個（フロント）、11.5mmを1個（第1ボタン）

### 出来上り寸法表　（単位cm）

|  | S | M | L | XL | XXL |
|---|---|---|---|---|---|
| ネック寸法 | 38 | 39.5 | 41 | 42.5 | 44 |
| 着丈 | 68 | 70 | 72 | 74 | 76 |
| 肩幅 | 41.6 | 42.8 | 44 | 45.2 | 46.4 |
| 半袖丈 | 23.5 | 24 | 24.5 | 25 | 25.5 |
| ゆき丈 | 44.3 | 45.4 | 46.5 | 47.6 | 48.7 |
| バスト回り | 102 | 106 | 110 | 114 | 118 |
| ウエスト回り | 95 | 99 | 103 | 107 | 111 |
| 裾回り | 98.8 | 102.8 | 106.8 | 110.8 | 114.8 |
| 袖口幅 | 33 | 34 | 35 | 36 | 37 |

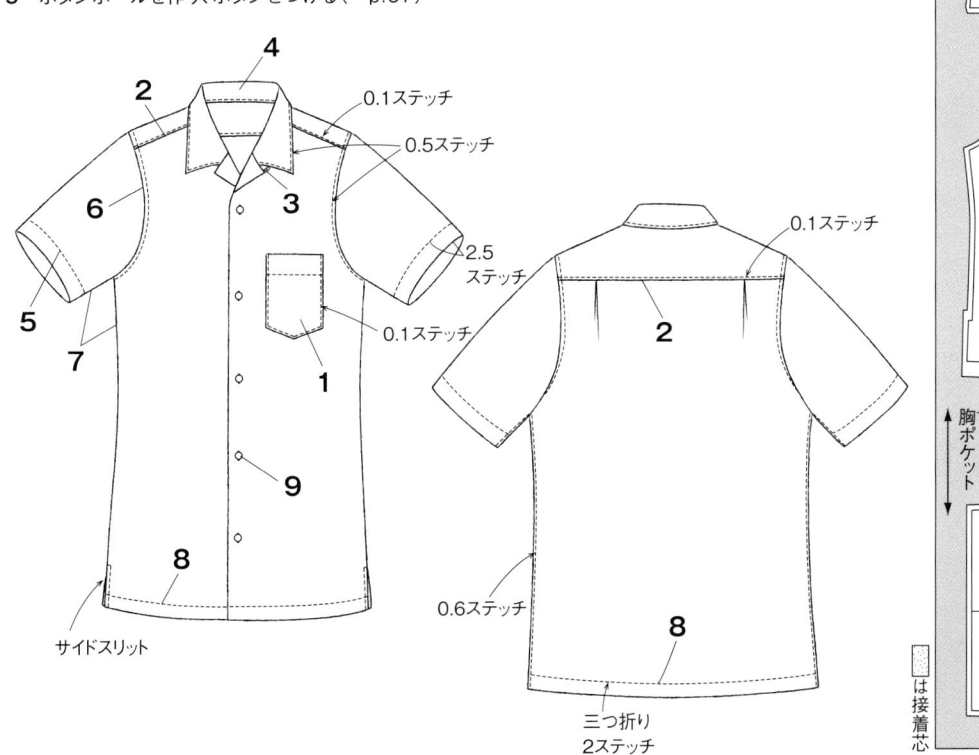

## 2

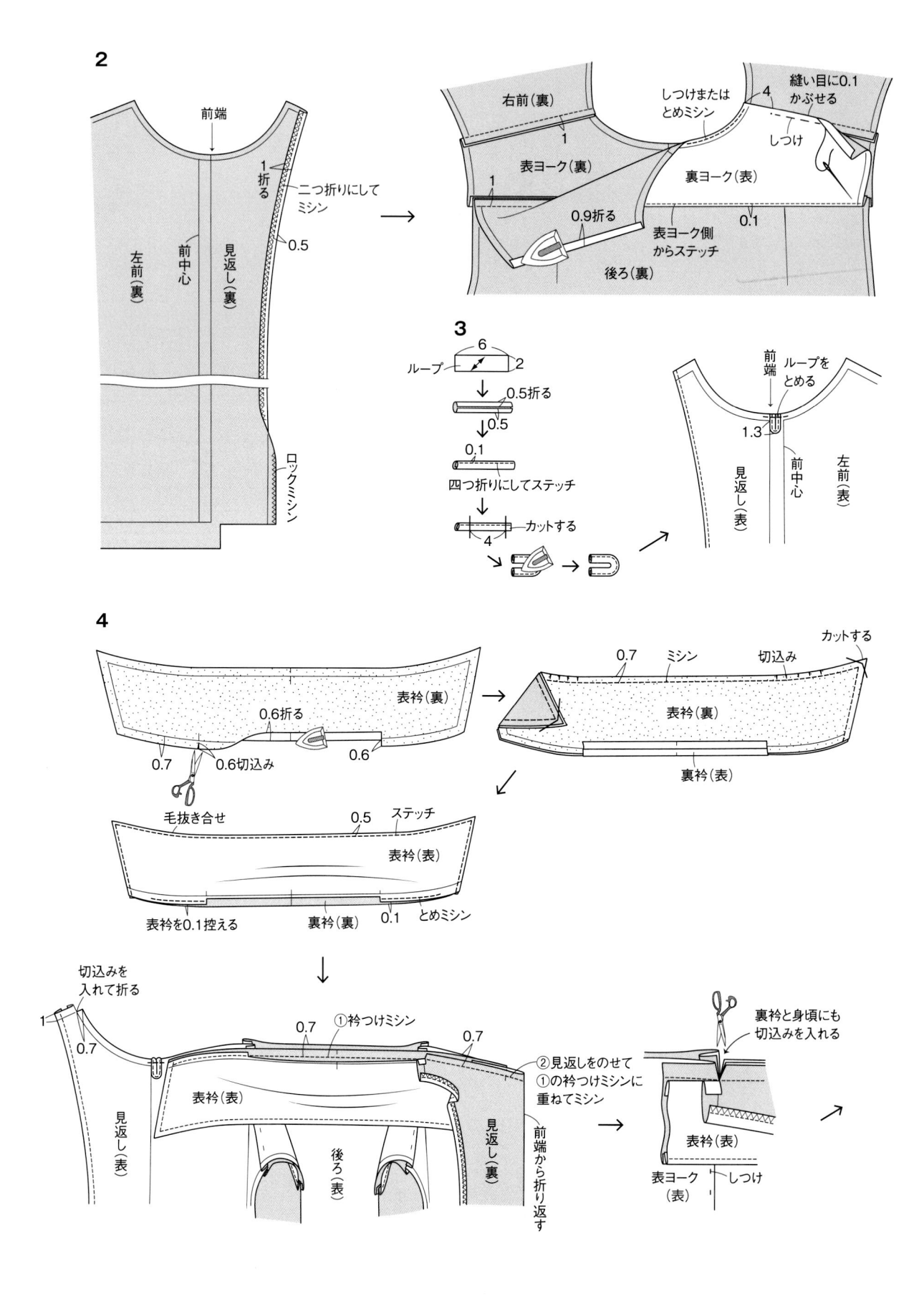

- 前端
- 左前(裏)
- 前中心
- 見返し(裏)
- 1折る
- 二つ折りにしてミシン
- 0.5
- ロックミシン

- 右前(裏)
- しつけまたはとめミシン
- 縫い目に0.1かぶせる
- しつけ
- 1
- 表ヨーク(裏)
- 裏ヨーク(表)
- 0.9折る
- 表ヨーク側からステッチ
- 0.1
- 後ろ(裏)
- 4

## 3

- ループ
- 6
- 2
- 0.5折る
- 0.5
- 0.1
- 四つ折りにしてステッチ
- 4
- カットする

- 前端
- ループをとめる
- 1.3
- 見返し(表)
- 前中心
- 左前(表)

## 4

- 表衿(裏)
- 0.7
- 0.6切込み
- 0.6折る
- 0.6

- 0.7 ミシン 切込み カットする
- 表衿(裏)
- 裏衿(表)

- 毛抜き合せ
- 0.5 ステッチ
- 表衿(表)
- 表衿を0.1控える
- 裏衿(裏)
- 0.1
- とめミシン

- 切込みを入れて折る
- 1
- 0.7
- 0.7 ①衿つけミシン 0.7
- ②見返しをのせて①の衿つけミシンに重ねてミシン
- 見返し(表)
- 表衿(表)
- 後ろ(表)
- 見返し(裏)
- 前端から折り返す

- 裏衿と身頃にも切込みを入れる
- 表衿(表)
- 表ヨーク(表)
- しつけ

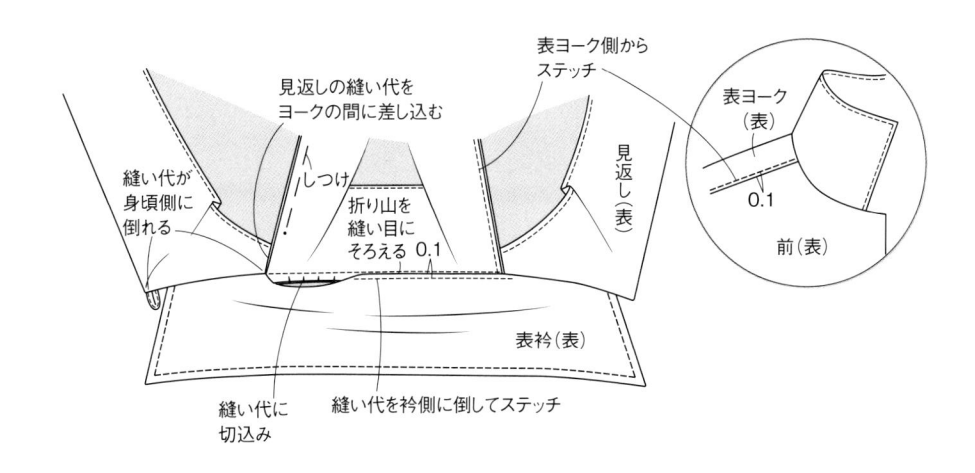

表ヨーク側からステッチ
見返しの縫い代をヨークの間に差し込む
縫い代が身頃側に倒れる
しつけ
折り山を縫い目にそろえる 0.1
見返し（表）
表ヨーク（表）
0.1
前（表）
縫い代に切込み
縫い代を衿側に倒してステッチ
表衿（表）

## 7

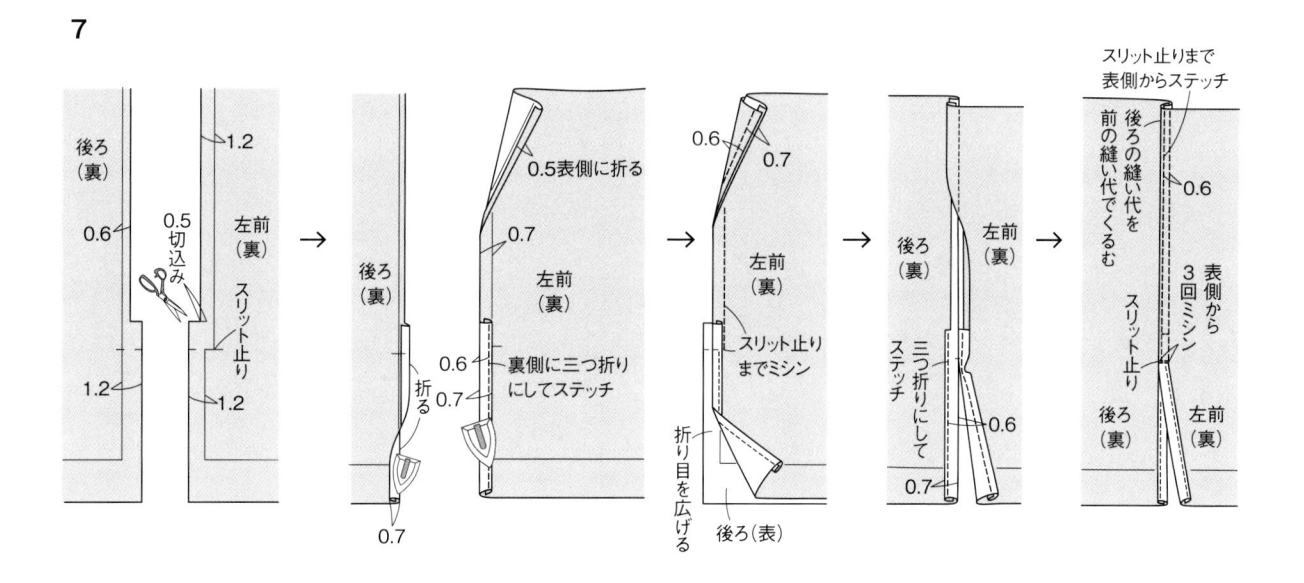

後ろ（裏）
1.2
0.6
0.5 切込み
左前（裏）
スリット止り
1.2
1.2

→

後ろ（裏）
0.5 表側に折る
0.7
左前（裏）
0.6
0.7
裏側に三つ折りにしてステッチ
折る
0.7

→

0.6
0.7
左前（裏）
スリット止りまでミシン
折り目を広げる
後ろ（表）

→

後ろ（裏）
左前（裏）
三つ折りにしてステッチ
0.6
0.7

→

スリット止りまで表側からステッチ
後ろの縫い代を前の縫い代でくるむ
0.6
表側から3回ミシン
スリット止り
後ろ（裏）
左前（裏）

## 8

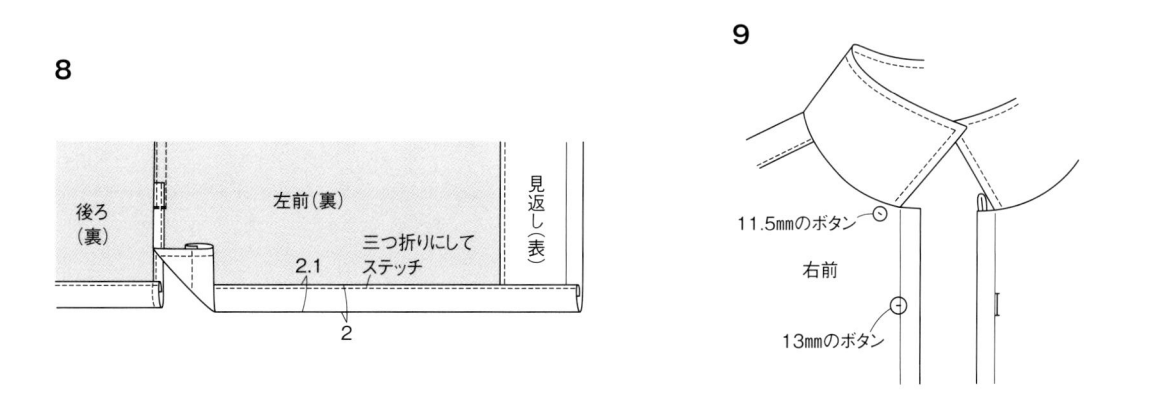

後ろ（裏）
左前（裏）
見返し（表）
三つ折りにしてステッチ
2.1
2

## 9

11.5mmのボタン
右前
13mmのボタン

## WIDE SPREAD E page 17, 18, 20　実物大パターン A, D 面

### 素材
ドレスシャツの定番素材の一つである80番手クラスの白無地ピンオックスです。しっかりと織り上げられた素材は光沢感があり、しわになりづらく、肌ざわりもなめらかです。また平織りなので通気性もあります。ブルーストライプは1796年にイギリスで誕生したシャツ地メーカー、トーマスメーソン社の生地です。由緒正しいイギリスを代表するメーカーですが、現在はイタリアの大手シャツ地メーカーの傘下に収まっています。そのブルーストライプと無地サックスの生地は共に80番手クラスのピンオックス組織でしっかりと織り上げられています。

### ディテール
シルエットは現代的にスマートに見えるようにしています。着丈はボトムからシャツの裾が出ないように長めに設定しています。芯地は肉感があり張りのある接着芯がオススメです。ボタンは高級感のある貝ボタン、ステッチは80番のフィラメント糸を使用し、3cm間に21針が目安になります。

### 作り方
準備…表上衿、表台衿、表カフスに接着芯をはる（→p.51）
1　前端の始末をする（→p.52）
2　裾の始末をする（→p.54）
3　ヨークの後ろ中心を縫う（→p.54）
4　ヨークをつける（→p.70）
5　衿を作り、つける（→p.55）
6　袖口に剣ボロあきを作る（→p.57）
7　袖をつける（→p.58）
8　袖下、脇を縫う（→p.59）
9　袖口にカフスをつける（→p.59）
10　脇裾にガゼットをつける（→p.70）
11　ボタンホールを作り、ボタンをつける（→p.60）

白無地の裁ち方はp.70

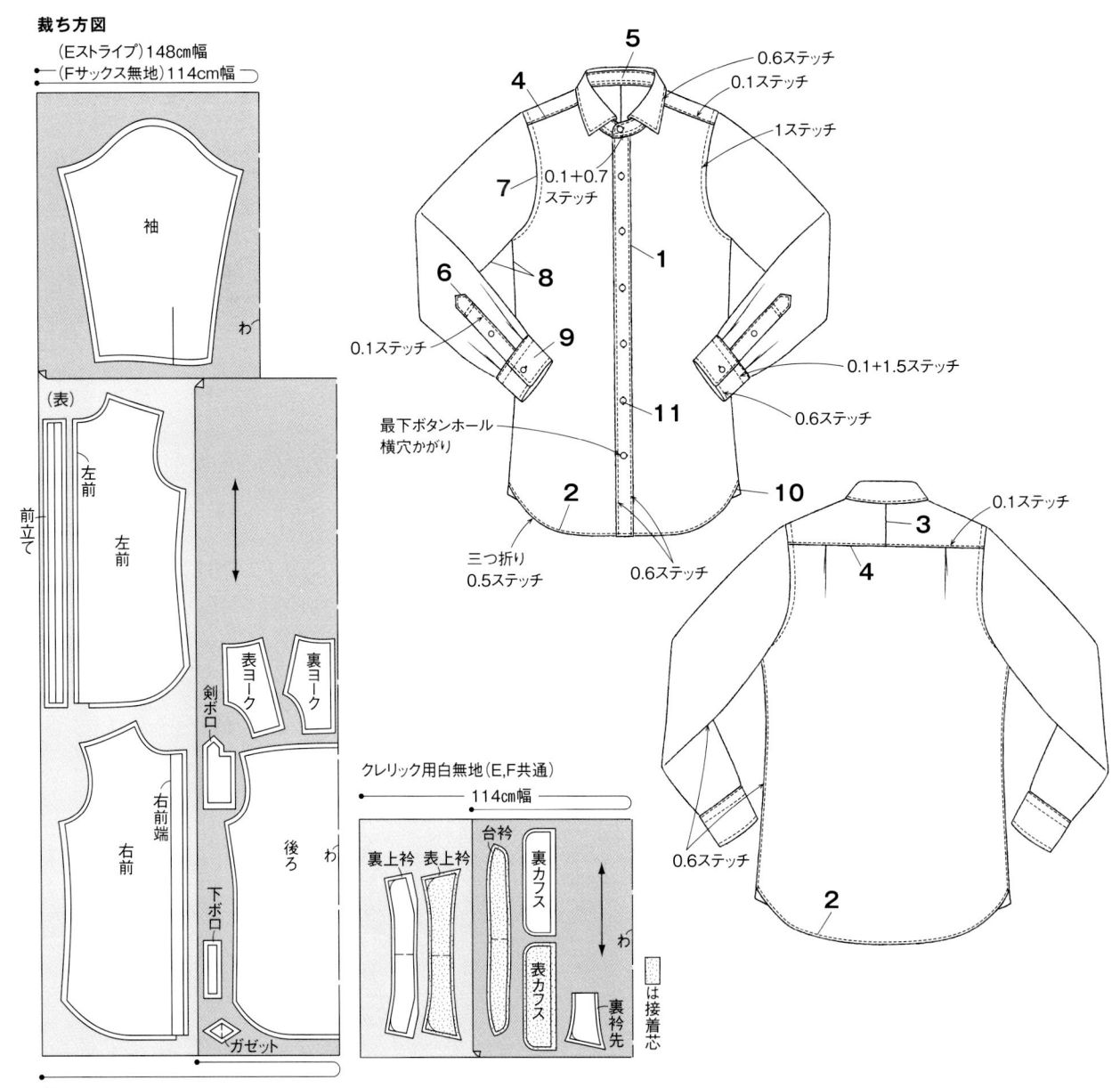

## 材料

白無地ピンオックス＝114cm幅S・M2.3m、L・XL・XXL2.4m
トーマスメーソンストライプ（身頃、ヨーク、袖、剣ボロ、ガゼット）＝148cm幅1.6m（全サイズ共通）
クレリック用白無地ピンオックス（上衿、台衿、カフス）＝114cm幅60cm（全サイズ共通）
接着芯（表上衿、表台衿、表カフス）＝90cm幅60cm
ボタン＝直径10mmを9個（フロント、台衿、カフス）、直径9mmを2個（剣ボロ）
カラーステイ＝2枚

## 出来上り寸法表

（単位cm）

|  | S | M | L | XL | XXL |
|---|---|---|---|---|---|
| ネック寸法 | 38 | 39.5 | 41 | 42.5 | 44 |
| 着丈 | 74 | 76 | 78 | 80 | 82 |
| 肩幅 | 41.6 | 42.8 | 44 | 45.2 | 46.4 |
| 袖丈 | 59.5 | 61.5 | 63.5 | 64.5 | 65.5 |
| ゆき丈 | 80.3 | 82.9 | 85.5 | 87.1 | 88.7 |
| バスト回り | 102 | 106 | 110 | 114 | 118 |
| ウエスト回り | 95 | 99 | 103 | 107 | 111 |
| 裾回り | 99 | 103 | 107 | 111 | 115 |
| 袖口幅 | 21.5 | 22 | 22.5 | 23 | 23.5 |

## 5 カラーステイ通しの作り方

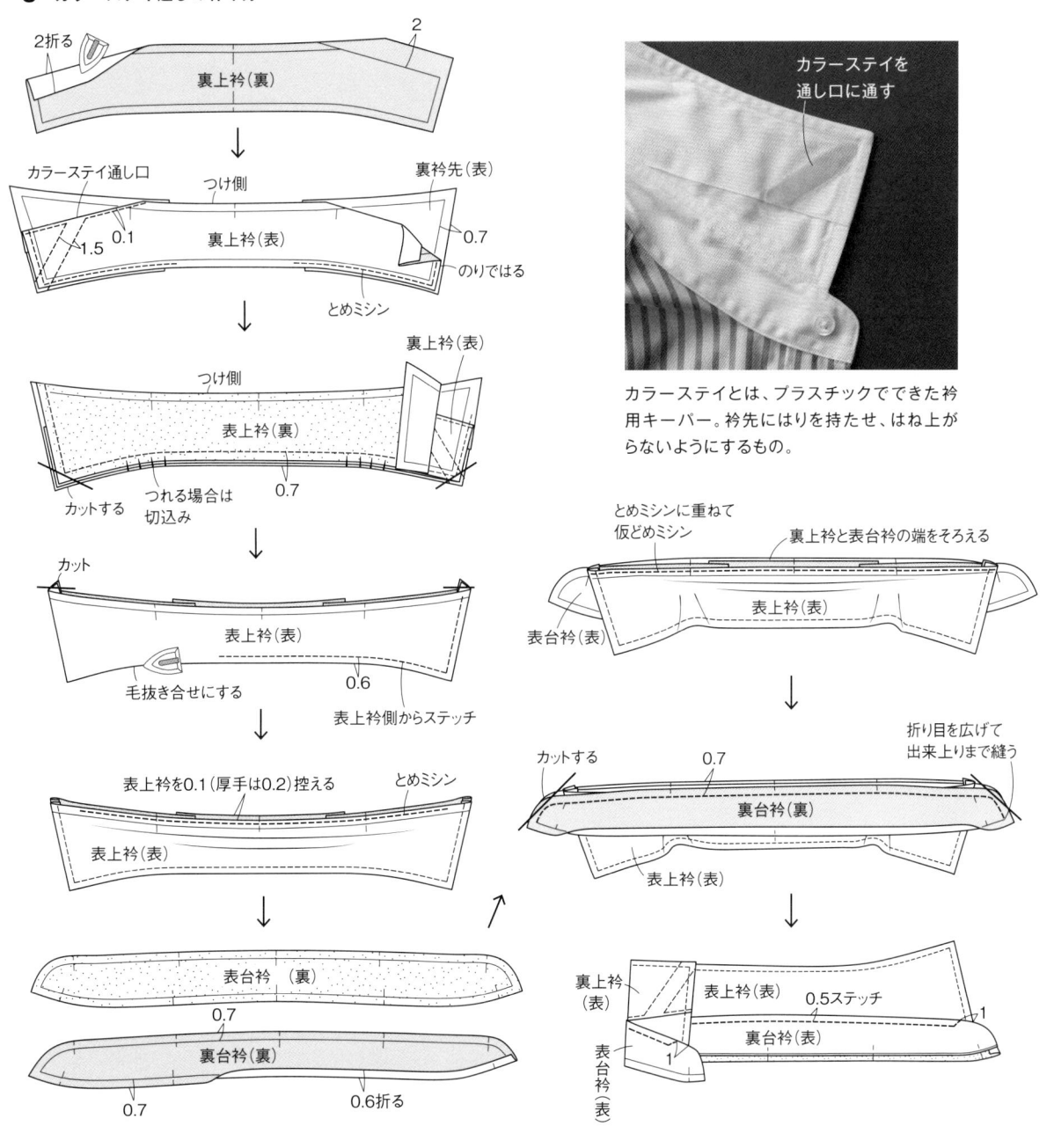

カラーステイとは、プラスチックでできた衿用キーパー。衿先にはりを持たせ、はね上がらないようにするもの。

カラーステイを通し口に通す

69

# ROUND F page 17,19,20　実物大パターン A,D 面

### 素材
p.19はリバティ社のタナローンで作りました。リバティ社は1874年にロンドンで設立されアール・ヌーボー調の小花柄が特徴です。クレリックシャツはサックス無地と白無地の組合せです。

### ディテール
WIDE SPREAD Eと同じ考え方になります。

**作り方はp.68と同じ**
**クレリックシャツの裁ち方はp.68**

### 材料
リバティプリントのタナローン＝110cm幅S・M2.3m、L・XL・XXL＝2.4m
サックス無地ピンオックス（身頃、ヨーク、袖、剣ボロ、ガゼット）＝114cm幅S・M2.3m、L・XL・XXL＝2.4m
クレリック用白無地ピンオックス（上衿、台衿、カフス）＝114cm幅60cm（全サイズ共通）
接着芯（表上衿、表台衿、表カフス）＝90cm幅60cm
ボタン＝直径10mmを9個（フロント、台衿、カフス）、直径9mmを2個（剣ボロ）
カラーステイ＝2枚

**出来上り寸法表はp.69と同じ**

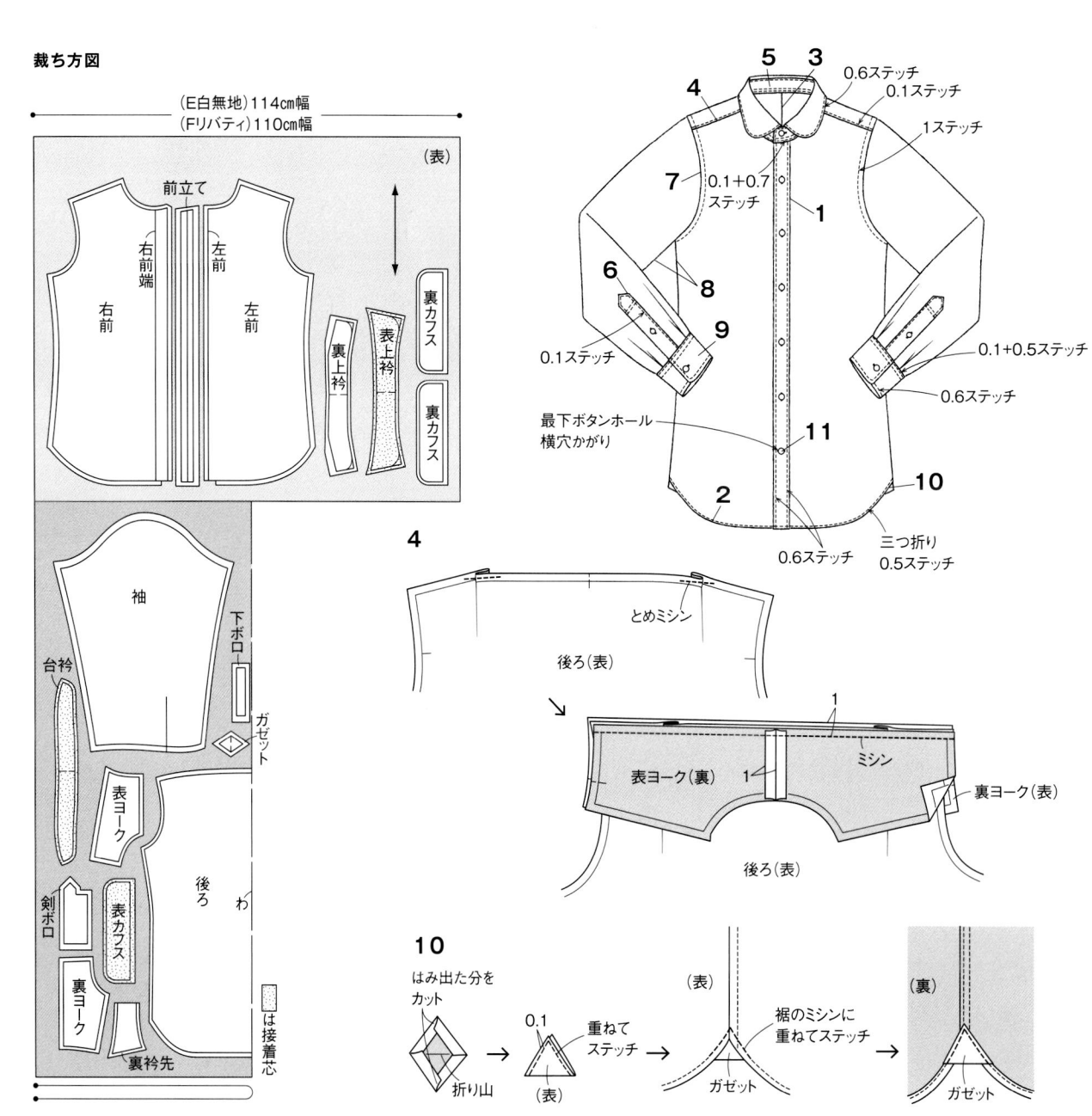

# TAILORED G page 22,23　実物大パターンC面

## 素材
ブラックウォッチタータンは毛足感を持たせたウールシャギー素材です。平織りウールを起毛させ、とても軽く暖かみがあります。p.23はビンテージ風の太い麻でしっかり織り上げられたリネンキャンバス素材です。洗いをかけることで、より凹凸感が増し素材の雰囲気が出ます。

## 作り方
準備…前身頃、見返し、表衿、裏衿、ポケット、表カフス に接着芯をはる(→p.51)。見返しの奥、ポケットの周囲、背裏の裾にロックミシンをかける

1. 胸、腰ポケットをつける
2. 背裏の裾、見返しの奥を二つ折りにして縫う(→p.72)
3. 表身頃の肩、見返しと背裏の肩をそれぞれ縫う(縫い代は後ろ側に倒す)(→p.72)
4. 表身頃と裏衿を縫い合わせる(縫い代は割る)。見返し背裏と表衿を縫い合わせる(前衿ぐりは割り、後ろ衿ぐりは身頃側に倒す)(→p.72)
5. 身頃と見返し、表衿と裏衿を中表に合わせて縫い返し、衿ぐりを中とじする(→p.72)
6. 袖口にあきを作る(→p.73)
7. 袖をつける(3枚一緒にロックミシン。縫い代は身頃側に倒す)(→p.79)
8. 袖下、脇を縫う(2枚一緒にロックミシン。縫い代は後ろ側に倒す)(→p.79)
9. 袖口にカフスをつける(→p.59、73)
10. 裾を三つ折りにして縫い、続けて前端、衿のステッチをかける(→p.73)
11. ボタンホールを作り、ボタンをつける。ラペルの先は眠り穴かがり(ボタンホールステッチのみ)にする(→p.73)

## ディテール
シャツ同様シルエットは現代的にスマートに見えるようにし、着丈も軽く見えるように短めです。衿、ラペル、カフスはふくらみのある接着芯を使用しています。ポケットはカジュアルな印象がするスリーパッチデザイン。背中の上部分のみ裏地がつきます。ステッチは太い30番のスパン糸を使用し3cm間に18針が目安です。

## 材料
シャギーブラックウォッチチェック=148cm幅S・M2.2m、L・XL・XXL2.3m
ヘビーリネン(ネービー)=116cm幅S・M2.4m、L・XL・XXL2.5m
裏布=90cm幅30cm
接着芯(前身頃、見返し、表衿、裏衿、胸ポケット、腰ポケット、表カフス)=90cm幅1.4m
ボタン=直径21mm(シャギー)・23mm(リネン)を2個(フロント)、直径19mm(シャギー)・15mm(リネン)を2個(カフス)

### 出来上り寸法表　(単位cm)

|  | S | M | L | XL | XXL |
|---|---|---|---|---|---|
| 着丈 | 67 | 69 | 71 | 73 | 75 |
| 肩幅 | 41.6 | 42.8 | 44 | 45.2 | 46.4 |
| 袖丈 | 59.5 | 61.5 | 63.5 | 64.5 | 65.5 |
| ゆき丈 | 80.3 | 82.9 | 85.5 | 87.1 | 88.7 |
| バスト回り | 102 | 106 | 110 | 114 | 118 |
| ウエスト回り | 95 | 99 | 103 | 107 | 111 |
| 袖口幅 | 22.5 | 23 | 23.5 | 24 | 24.5 |

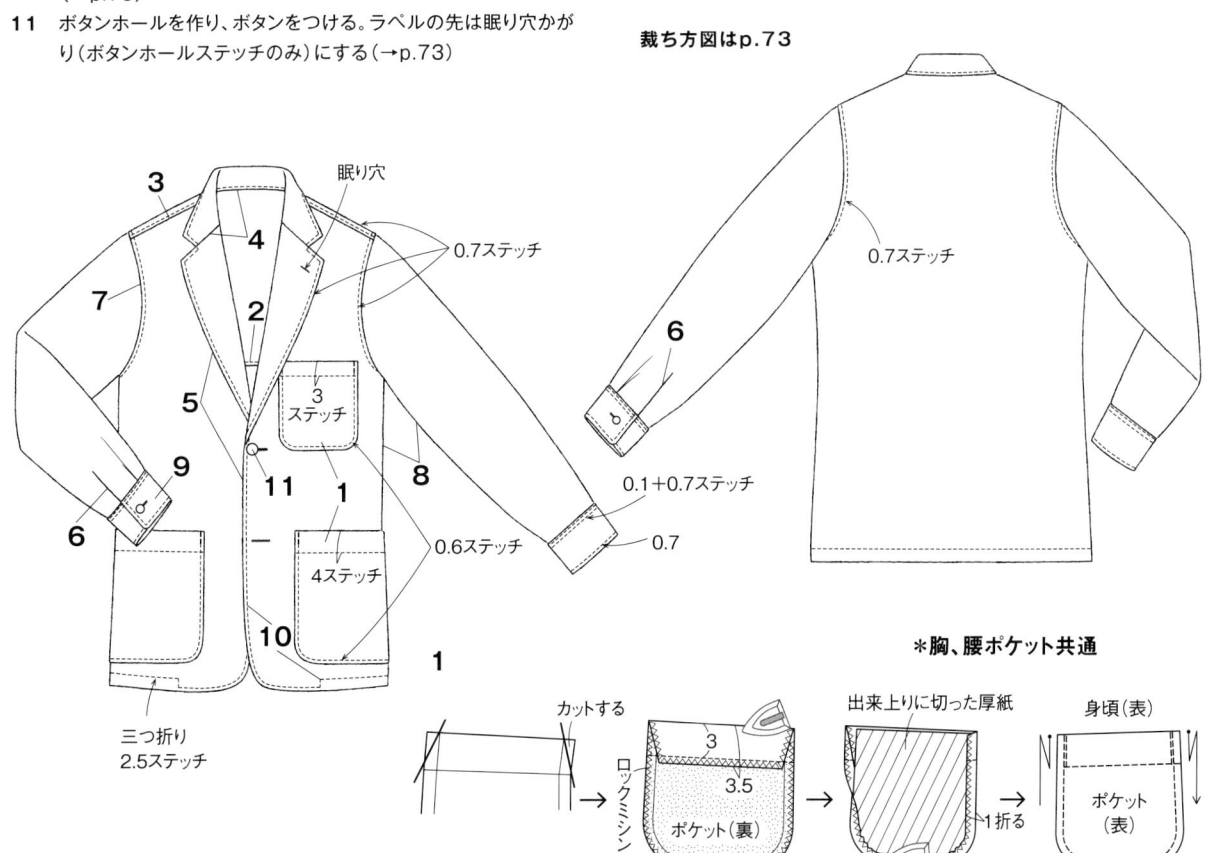

**裁ち方図はp.73**

72

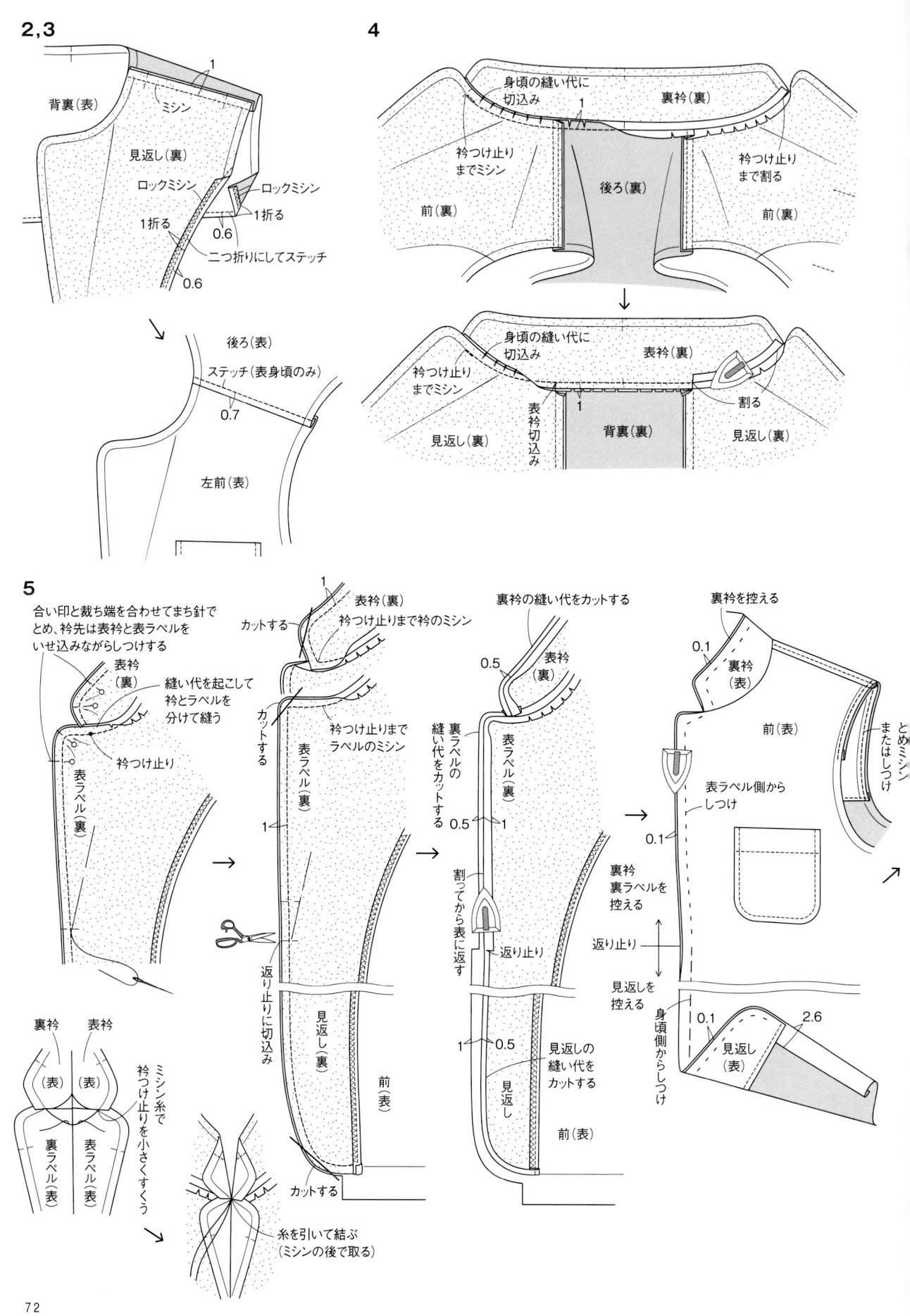

73

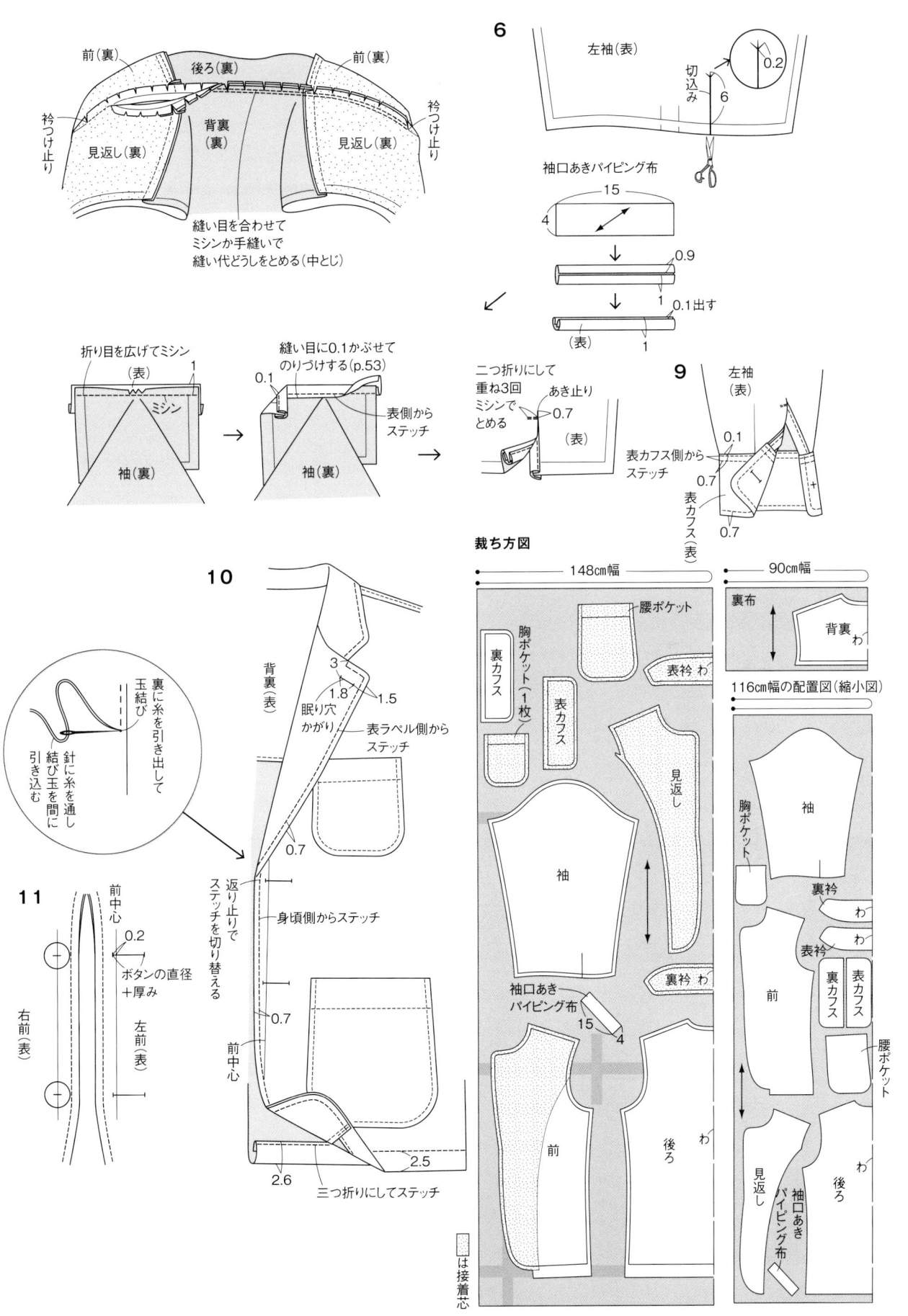

## SHAWL H  page 24, 25    実物大パターンC面

**素材**
シアサッカーは、19世紀にインドのカルカッタでイギリス人の夏服地としてストライプ状にしぼを走らせたシルク素材が考案され、その後1935年ごろアメリカの素材メーカーがコットンに置き換えて発売しました。凹凸感がありとても涼しい夏素材です。

**作り方**
準備…前身頃、見返し、表衿、裏衿、ポケット、表カフスに接着芯をはる(→p.51)。見返しの奥、ポケットの周囲、背裏の裾にロックミシンをかける

1　胸、腰ポケットをつける(→p.71)
2　表衿の後ろ中心を縫い合わせ、見返しの奥を二つ折りにして縫う
3　背裏の裾を二つ折りにして縫う
4　身頃の肩に背裏の肩を重ねて3枚一緒に縫う(縫い代は後ろ側に倒す)
5　身頃と裏衿を縫い合わせる
6　身頃と見返し、表衿と裏衿を中表に合わせて縫い返す。表衿を衿ぐりと身頃にとめる
7　袖口にあきを作る(→p.73)
8　袖をつける(3枚一緒にロックミシン。縫い代は身頃側に倒す)(→p.79)
9　袖下、脇を縫う(2枚一緒にロックミシン。縫い代は後ろ側に倒す)(→p.79)
10　袖口にカフスをつける(→p.59、73)
11　裾を三つ折りにして縫い、続けて前端、衿のステッチをかける(→p.73)
12　ボタンホールを作り、ボタンをつける(→p.73)

**ディテール**
シルエット、芯地、ポケットデザイン、裏地はTAILORED Gと同様です。ボタンはシアサッカーととても相性のいい天然の貝ボタンを使用しています。

**材料**
サッカーストライプ サックス＝116幅S・M2.5m、L・XL・XXL2.6m
裏布＝90cm幅30cm
接着芯(前身頃、見返し、裏衿、胸ポケット、腰ポケット、表カフス)＝90cm幅1.4m
ボタン＝直径19mmを4個(フロント、カフス)

**出来上り寸法表** (単位cm)

|  | S | M | L | XL | XXL |
|---|---|---|---|---|---|
| 着丈 | 67 | 69 | 71 | 73 | 75 |
| 肩幅 | 41.6 | 42.8 | 44 | 45.2 | 46.4 |
| 袖丈 | 59.5 | 61.5 | 63.5 | 64.5 | 65.5 |
| ゆき丈 | 80.3 | 82.9 | 85.5 | 87.1 | 88.7 |
| バスト回り | 102 | 106 | 110 | 114 | 118 |
| ウエスト回り | 95 | 99 | 103 | 107 | 111 |
| 袖口幅 | 22.5 | 23 | 23.5 | 24 | 24.5 |

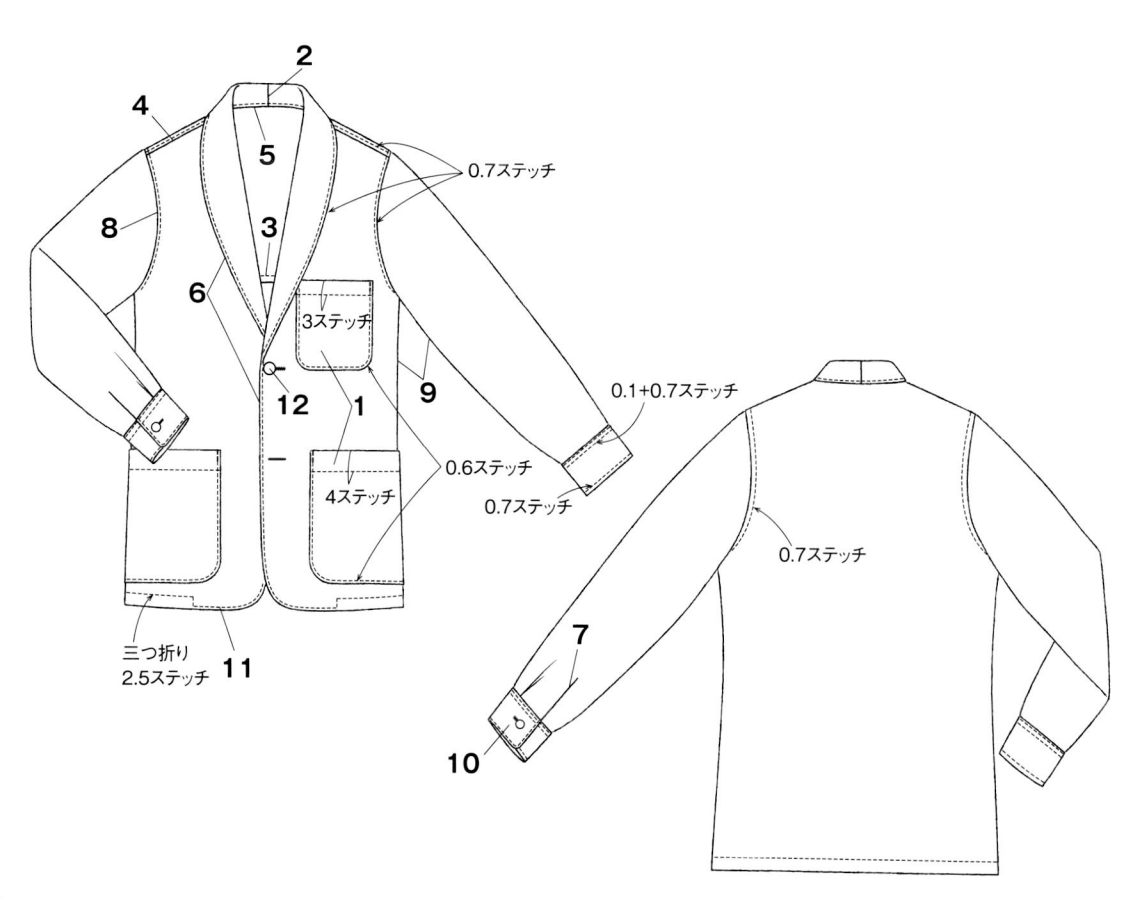

## 2

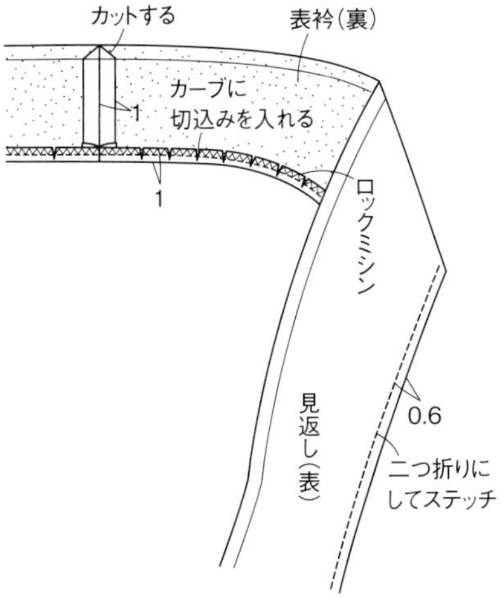

カットする
表衿(裏)
カーブに
切込みを入れる
1
1
ロックミシン
見返し(表)
0.6
二つ折りに
してステッチ


## 3,4

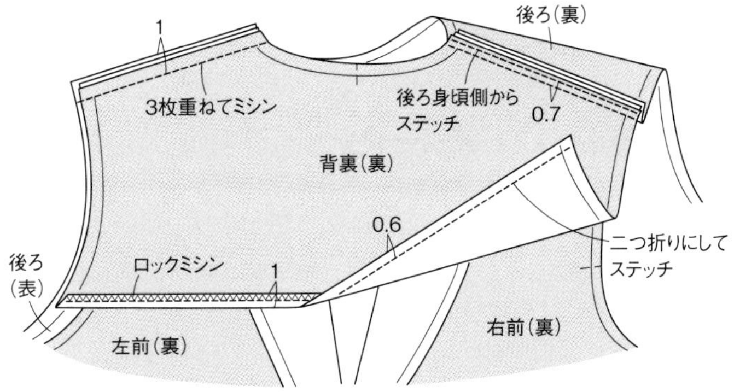

1
後ろ(裏)
3枚重ねてミシン
後ろ身頃側から
ステッチ
0.7
背裏(裏)
0.6
後ろ
(表)
ロックミシン
1
二つ折りにして
ステッチ
左前(裏)
右前(裏)


## 5,6

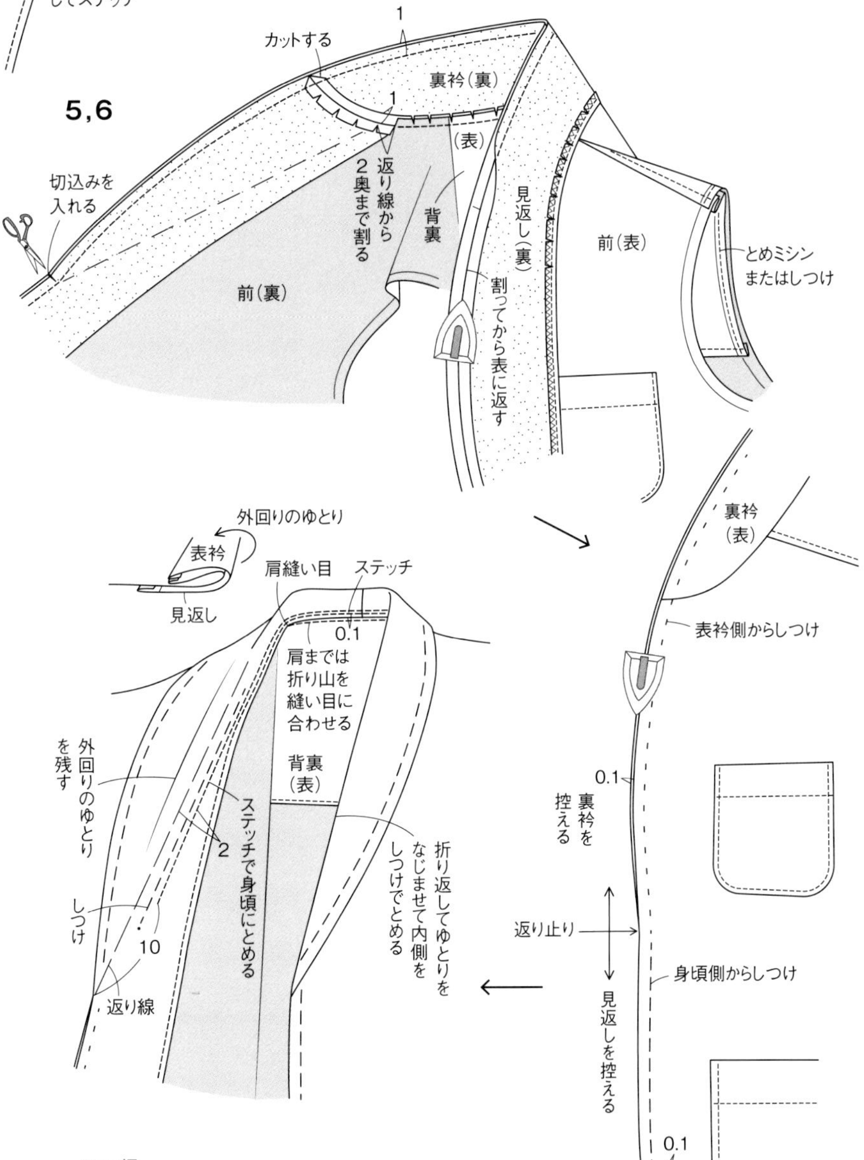

1
カットする
裏衿(裏)
1
(表)
返り線から
2奥まで割る
切込みを
入れる
背裏
見返し(裏)
前(裏)
割ってから表に返す
前(表)
とめミシン
またはしつけ
外回りのゆとり
表衿
見返し
肩縫い目
ステッチ
0.1
肩までは
折り山を
縫い目に
合わせる
背裏
(表)
外回りのゆとりを残す
ステッチで身頃にとめる
2
しつけ
10
返り線
折り返してゆとりをなじませて内側をしつけでとめる
裏衿
(表)
表衿側からしつけ
0.1
裏衿を控える
返り止り
身頃側からしつけ
見返しを控える
0.1
2.6
三つ折り


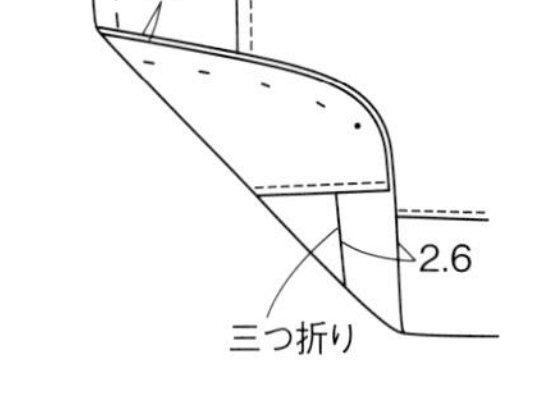

**裁ち方図**

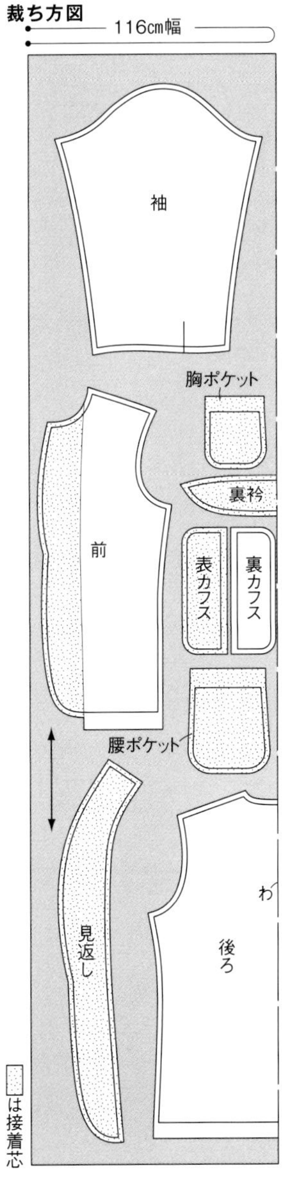

116cm幅
袖
胸ポケット
裏衿
前
表カフス
裏カフス
腰ポケット
見返し
わ
後ろ
は接着芯


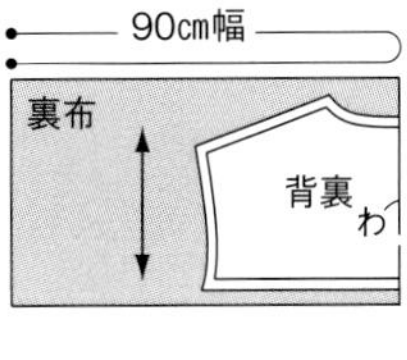

90cm幅
裏布
背裏
わ

# NARROW REGULAR  page 27, 28, 29  実物大パターン A, B, D 面

## 素材
ベージュ無地、カムフラージュ共にチノクロスを使用しています。チノクロスは綿の綾織物で、元々19世紀中ごろにイギリス陸軍が採用しその後アメリカ陸軍にも採用されました。ボトムではチノパンとしてなじみのある素材です。カムフラージュは米軍が使用したウッドランドパターンと呼ばれる柄です。

## 作り方
準備…表上衿、表台衿、表カフスに接着芯をはる(→p.51)。ポケット周囲にロックミシンをかける

1 前端の始末をする(→p.52)
2 胸ポケットをつける(→p.82)
3 裾の始末をする(→p.54)
4 後ろ身頃のタックをたたみ、表ヨークと裏ヨークで身頃をはさんで縫う
5 衿を作り、つける(→p.55)
6 肩章を作り、身頃の肩につける
7 袖口に剣ボロあきを作る(→p.57)
8 袖をつける(縫い代は身頃側に倒して折伏せ縫い)(→p.82)
9 袖下、脇を縫う(→p.59)
10 袖口にカフスをつける(→p.59)
11 脇裾にガゼットをつける(→p.70)
12 ボタンホールを作り、ボタンをつける(→p.60)

## ディテール
シルエットは現代的にスマートに見えるようにしています。アウターシャツとして着ていただきたいので、着丈は短めに設定しています。生地がしっかりしたものを選べば芯地なしのほうが洗濯後の表情がとてもナチュラルです。ステッチは太めの30番のスパン糸を使用し3cm間に18針が目安になります。

## 材料
ミリタリーツイル＝146cm幅 S・M 2.1m、L・XL・XXL 2.2m
ミリタリーツイル迷彩＝112cm幅 S・M 2.5m、L・XL・XXL 2.6m
接着芯(表上衿、表台衿、表カフス)＝90cm幅60cm
ボタン＝直径13mmを15個(フロント、台衿、カフス、フラップ、肩章)

## 出来上り寸法表 (単位cm)

|  | S | M | L | XL | XXL |
| --- | --- | --- | --- | --- | --- |
| ネック寸法 | 38 | 39.5 | 41 | 42.5 | 44 |
| 着丈 | 70 | 72 | 74 | 76 | 78 |
| 肩幅 | 41.6 | 42.8 | 44 | 45.2 | 46.4 |
| 袖丈 | 59.5 | 61.5 | 63.5 | 64.5 | 65.5 |
| ゆき丈 | 80.3 | 82.9 | 85.5 | 87.1 | 88.7 |
| バスト回り | 102 | 106 | 110 | 114 | 118 |
| ウエスト回り | 93 | 97 | 101 | 105 | 109 |
| 裾回り | 98.7 | 102.7 | 106.7 | 110.7 | 114.7 |
| 袖口幅 | 21.5 | 22 | 22.5 | 23 | 23.5 |

**112cm幅の裁ち方図の配置はp.82参照**

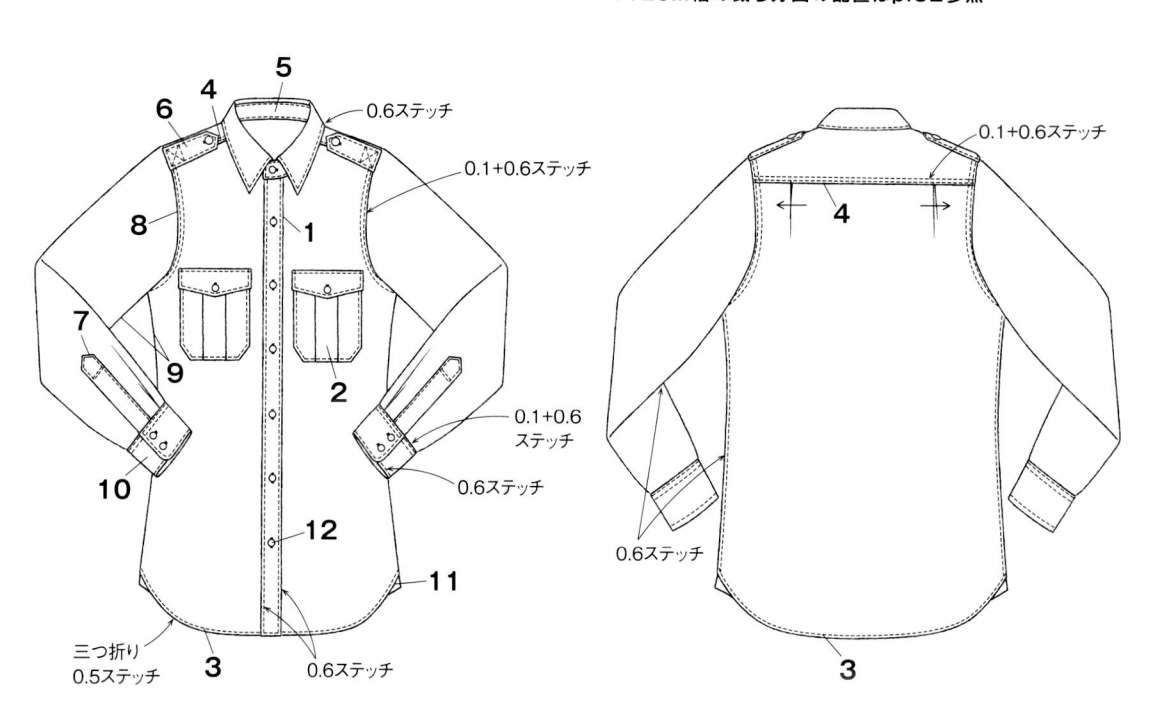

77

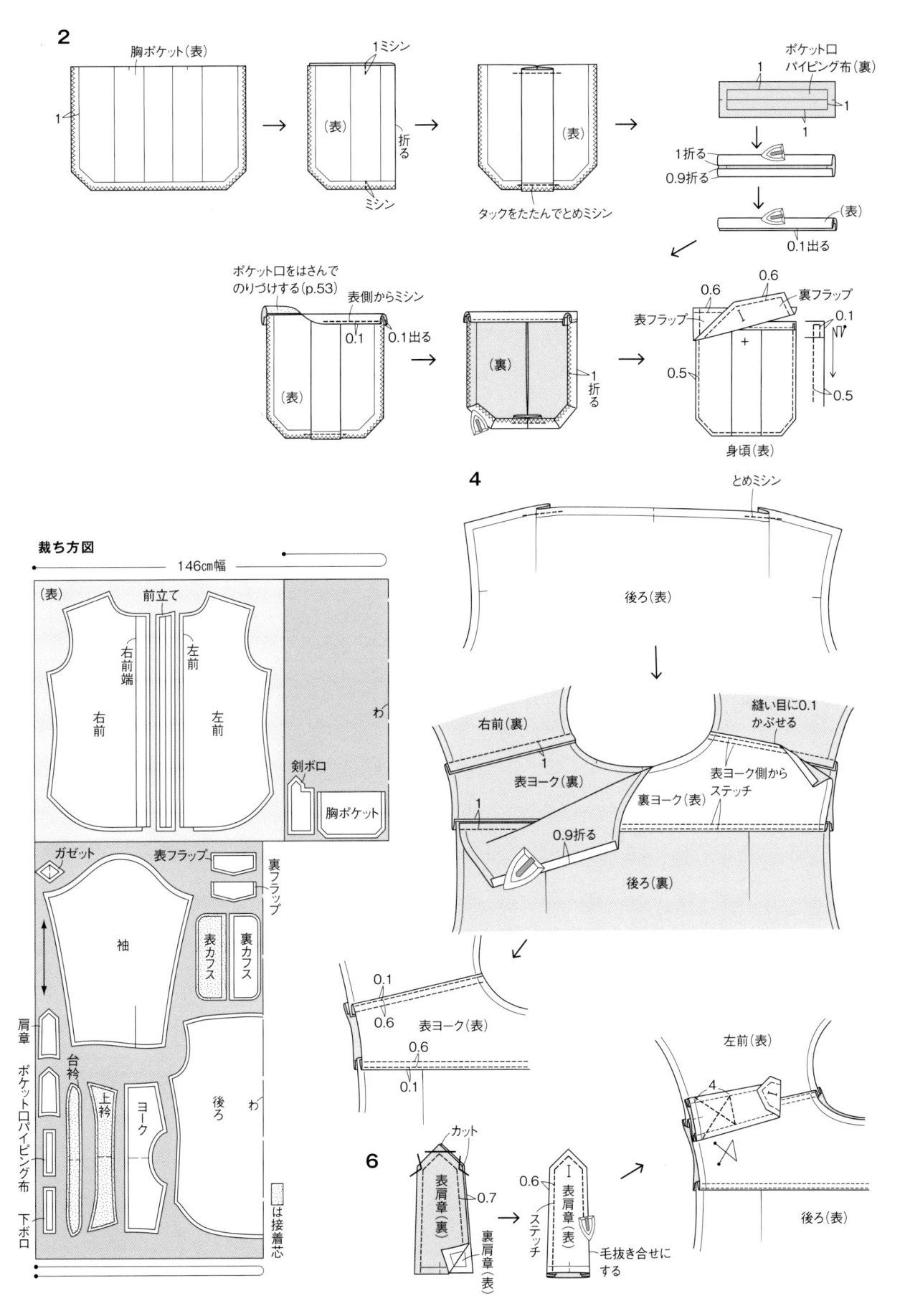

# NAVY WIDE J  page 30  実物大パターン B,D 面

## 素材
ウール90%ナイロン10%のウールメルトンを使用しています。織った後に強く縮絨させた毛織物で表面の目がつまり、肉感があるので、形くずれしにくく、防風、防寒性に富んだ冬のアウター素材です。

## 作り方
準備…表上衿、表台衿、表カフスに接着芯をはる（→p.51）。裾、ポケット周囲にロックミシンをかける

1. 前端の始末をする
2. 胸ポケットをつける
3. 前後の裾をそれぞれ二つ折りにして縫う
4. 表ヨークと裏ヨークで身頃をはさんで縫う（→p.77）
5. 衿を作り、つける（→p.55）
6. 袖口に剣ボロあきを作る（→p.57）
7. 袖をつける（2枚一緒にロックミシン。縫い代は身頃側に倒す）
8. 袖下、脇を縫う（2枚一緒にロックミシン。縫い代は後ろ側に倒す）
9. 袖口にカフスをつける（→p.59）
10. 脇裾にガゼットをつける
11. ボタンホールを作り、ボタンをつける（→p.60）

## ディテール
シルエットは現代的にスマートに見えるようにしています。アウターですがシャツからの派生として仕様はシンプルにしています。着丈は短めでアウターシャツとして着用します。生地が厚いので、芯地はなくても大丈夫です。ボタンはアメリカ海軍のイカリ柄がついたものがおすすめです。ステッチは太い20番スパン糸を使用し3cm間に18針が目安。

## 材料
ウールメルトンネービー＝143cm幅1.8m（全サイズ共通）
接着芯（表上衿、表台衿、表カフス）＝90cm幅60cm
ボタン＝直径18mmを8個（フロント、カフス、ポケット）、直径15mmを1個（台衿）

## 出来上り寸法表
（単位cm）

| | S | M | L | XL | XXL |
|---|---|---|---|---|---|
| ネック寸法 | 39 | 40.5 | 42 | 43.5 | 45 |
| Jの着丈 | 70 | 72 | 74 | 76 | 78 |
| Nの着丈 | 68 | 70 | 72 | 74 | 76 |
| 肩幅 | 41.6 | 42.8 | 44 | 45.2 | 46.4 |
| 袖丈 | 59.5 | 61.5 | 63.5 | 64.5 | 65.5 |
| ゆき丈 | 80.3 | 82.9 | 85.5 | 87.1 | 88.7 |
| バスト回り | 102 | 106 | 110 | 114 | 118 |
| ウエスト回り | 95 | 99 | 103 | 107 | 111 |
| 裾回り | 98 | 102 | 106 | 110 | 114 |
| 袖口幅 | 22.5 | 23 | 23.5 | 24 | 24.5 |

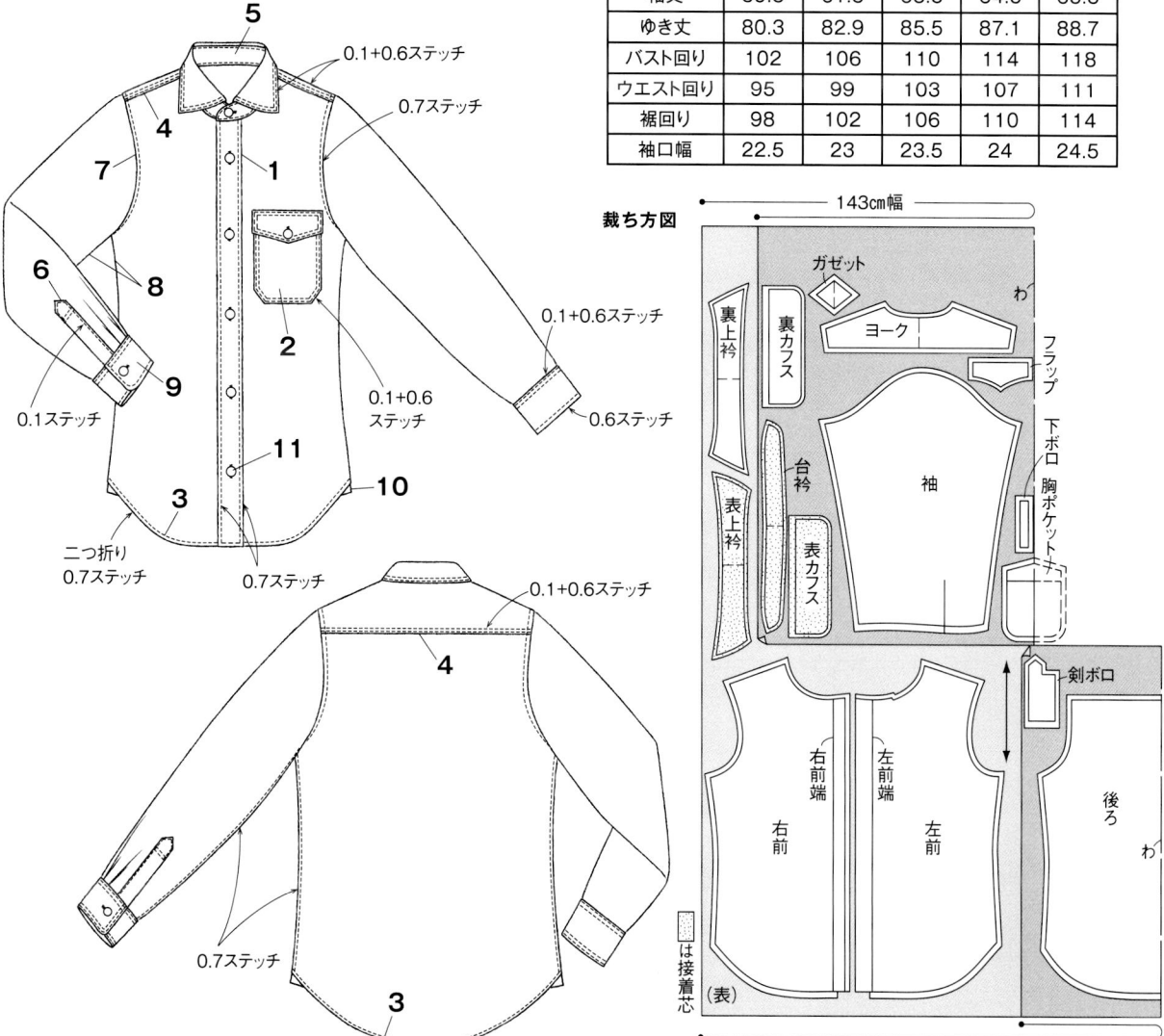

79

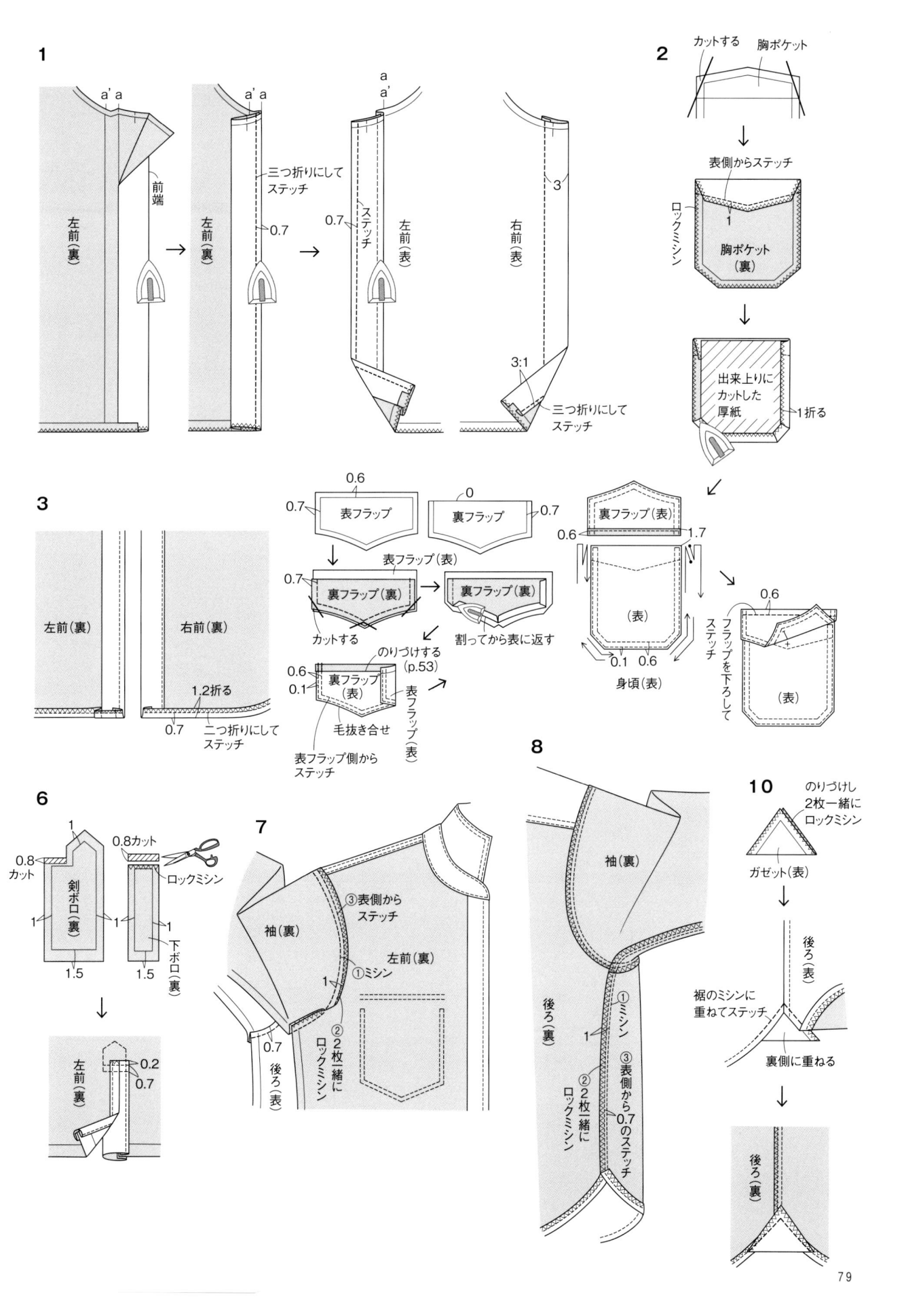

# NARROW OPEN K page 31  実物大パターン A, B 面

## 素材
ビンテージ風の太い麻でしっかり織り上げられたリネンキャンバス素材です。洗いをかけることで凹凸感が増し素材の雰囲気が出ます。

## 作り方
準備…表衿に接着芯をはる(→p.51)。見返しの奥、ポケット周囲にロックミシンをかける

1 胸ポケットをつける(→p.77)
2 見返しの奥を二つ折りにして縫い、表ヨークと裏ヨークで身頃をはさんで縫う。ただし裏ヨークの前側は後から見返しをはさむため、しつけにしておく(→p.66)
3 衿を作り、つける(→p.66)
4 肩章を作り、身頃の肩につける(→p.77)
5 袖口を三つ折りにして縫う
6 袖をつける(縫い代は身頃側に倒して折伏せ縫い)(→p.82)
7 袖下、脇をスリット止まで縫い、スリットを作る(縫い代は後ろ側に倒して折伏せ縫い)(→p.67)
8 裾を三つ折りにして縫う
9 ボタンホールを作り、ボタンをつける(→p.60)

## ディテール
裾を出して着るようなストレートデザイン。生地がしっかりしているので芯地なしでも洗濯後の表情がナチュラルでよいと思います。天然ものの水牛のボタンはアイロンの蒸気をかけると少し白っぽくなり、これがまた味があり、生地の雰囲気と合います。ステッチは太めの30番のスパン糸を使用し3cm間に18cmが目安になります。

## 材料
ヘビーリネン(ベージュ)=116cm幅S・M2m、L・XL・XXL2.1m
接着芯(表衿)=20×60cm
ボタン=直径13mmを9個(フロント、肩章、ポケット)

### 出来上り寸法表 (単位cm)

|  | S | M | L | XL | XXL |
|---|---|---|---|---|---|
| ネック寸法 | 38 | 39.5 | 41 | 42.5 | 44 |
| 着丈 | 68 | 70 | 72 | 74 | 76 |
| 肩幅 | 41.6 | 42.8 | 44 | 45.2 | 46.4 |
| 半袖丈 | 23.5 | 24 | 24.5 | 25 | 25.5 |
| ゆき丈 | 44.3 | 45.4 | 46.5 | 47.6 | 48.7 |
| バスト回り | 102 | 106 | 110 | 114 | 118 |
| ウエスト回り | 93 | 97 | 101 | 105 | 109 |
| 裾回り | 98.8 | 102.8 | 106.8 | 110.8 | 114.8 |
| 袖口幅 | 33 | 34 | 35 | 36 | 37 |

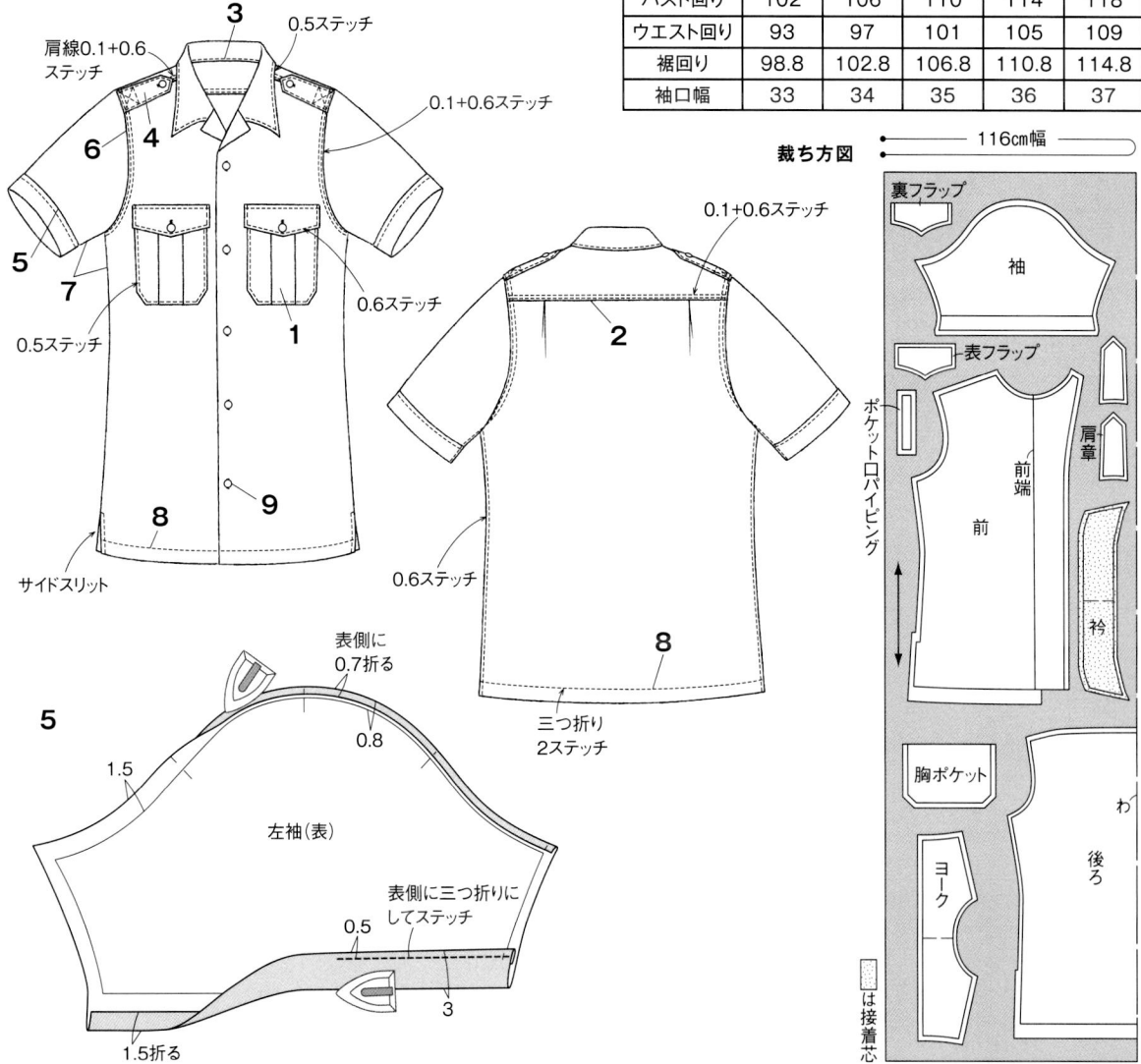

# NAVY ROUND L  *page* 32,33   実物大パターン A,B,D 面

### 素材
白無地とブルーワイドストライプ共にとても高密度に織り上げられた平織物のセイルクロスを使用しています。

### ディテール
シルエットは現代的に少しスマートに見えるようにしています。ボタンは涼しげなちょっと厚みのある貝ボタンが相性いいです。白無地にはマリン風のイメージを出すためにネービーブルーのステッチで仕上げました。太めの30番のスパン糸を使用し3cm間に18針が目安です。

### 作り方
準備…表上衿、表台衿、表カフスに接着芯をはる(→p.51)。ポケット周囲にロックミシンをかける

1 前端の始末をする(→p.64)
2 胸ポケットをつける(→p.82)
3 裾の始末をする(→p.54)
4 後ろ身頃のタックをたたみ、表ヨークと裏ヨークで身頃をはさんで縫う(→p.77)
5 衿を作り、つける(→p.55、82)
6 袖口に剣ボロあきを作る(→p.57)
7 袖をつける(縫い代を身頃側に倒して折伏せ縫い)(→p.82)
8 袖下、脇を縫う(→p.59)
9 袖口にカフスをつける(→p.59)
10 脇裾にガゼットをつける(→p.70)
11 ボタンホールを作り、ボタンをつける(→p.60)

### 材料
白無地セイルクロス=114cm幅S・M2.2m、L・XL・XXL2.3m
ブルーワイドストライプセイルクロス=114cm幅S・M2.2m、L・XL・XXL2.3m
接着芯(表上衿、台衿、表カフス)=90cm幅60cm
ボタン=直径13mmを9個(フロント、台衿、カフス、ポケット)

### 出来上り寸法表 (単位cm)

|  | S | M | L | XL | XXL |
|---|---|---|---|---|---|
| ネック寸法 | 38 | 39.5 | 41 | 42.5 | 44 |
| 着丈 | 69 | 71 | 73 | 75 | 77 |
| 肩幅 | 41.6 | 42.8 | 44 | 45.2 | 46.4 |
| 袖丈 | 59.5 | 61.5 | 63.5 | 64.5 | 65.5 |
| ゆき丈 | 80.3 | 82.9 | 85.5 | 87.1 | 88.7 |
| バスト回り | 102 | 106 | 110 | 114 | 118 |
| ウエスト回り | 96 | 100 | 104 | 108 | 112 |
| 裾回り | 102 | 106 | 110 | 114 | 118 |
| 袖口幅 | 21.5 | 22 | 22.5 | 23 | 23.5 |

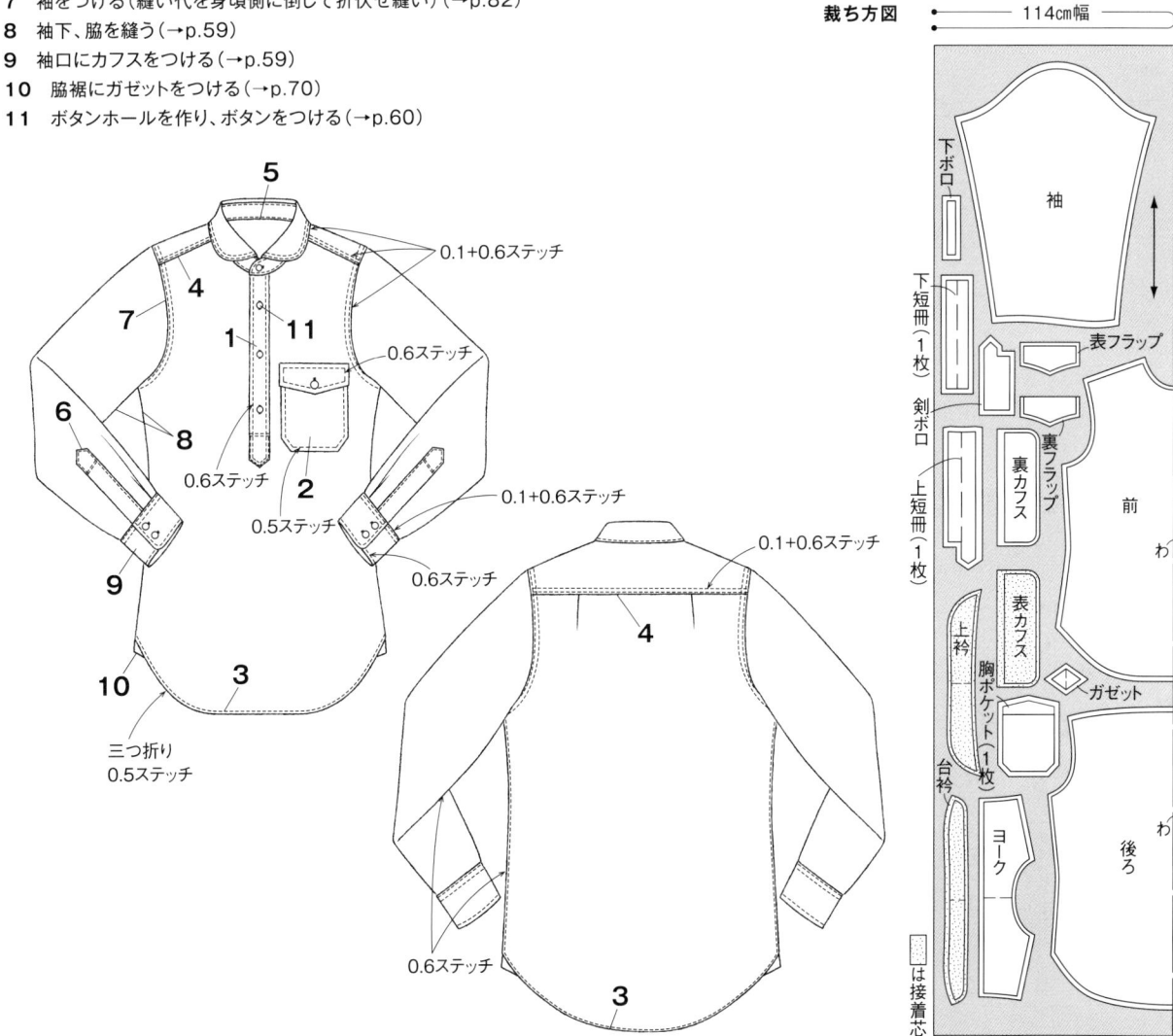

82

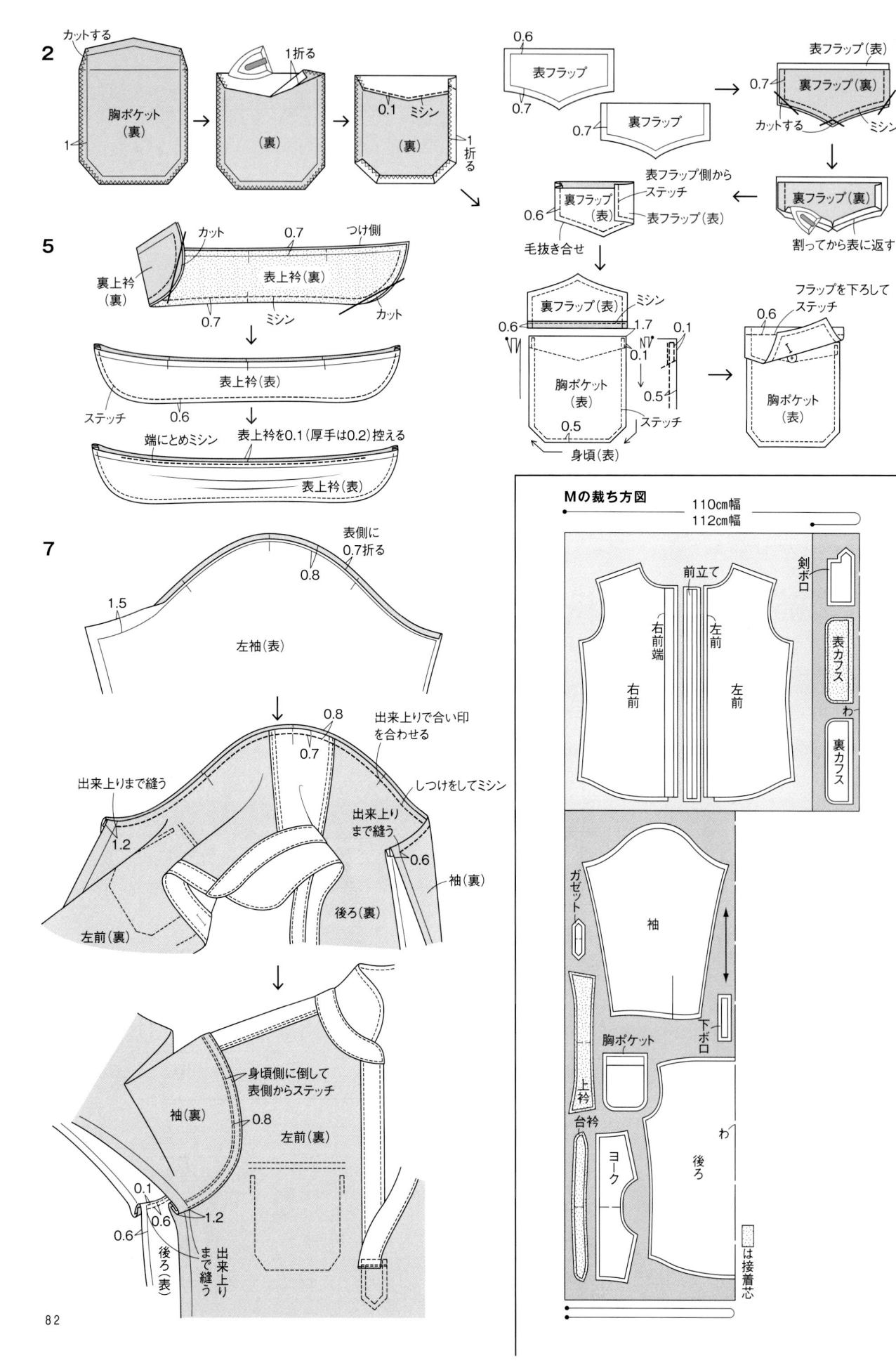

# WORK REGULAR M  page 36,37  実物大パターン A,C,D 面

### 素材
たて糸は白、よこ糸にインディゴで染めた糸を使用した平織物です。デニム同様、着込むほどに色落ちし自分だけの一着となり、とても愛着がわきます。バンダナ風ペーズリー柄はインディゴ染料でプリントし、その後パッチワークされたとても手の込んだ生地です。この生地はインドで作られましたがインド以外ではなかなか作ることが難しく希少です。デニム同様、着込むほどに色落ち味が出ます。

### 作り方
準備…表上衿、表台衿、表カフスに接着芯をはる(→p.51)
1 前端の始末をする(→p.52)
2 胸ポケットをつける
3 裾の始末をする(→p.54)
4 後ろ身頃のタックをたたみ、表ヨークと裏ヨークで身頃をはさんで縫う(→p.77)
5 衿を作り、つける(→p.55)
6 袖口に剣ボロあきを作る(→p.57)
7 袖をつける(縫い代は身頃側に倒して折伏せ縫い)(→p.82)
8 袖下、脇を縫う(→p.59)
9 袖口にカフスをつける(→p.59)
10 脇裾にガゼットをつける
11 ボタンホールを作り、ボタンをつける(→p.60)

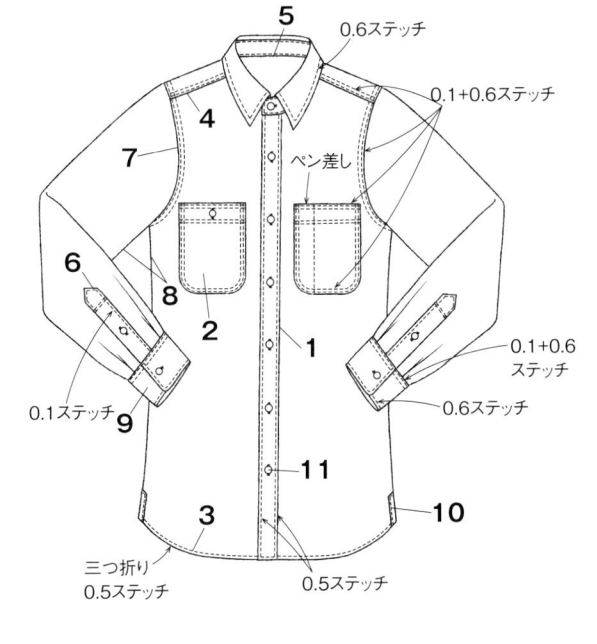

### ディテール
シルエットは現代的にスマートに見えるようにし、着丈は短めですが脇の位置はあまり短くせずボトムに入れてもシャツの裾が出づらい設定にしています。ステッチはオフ白で配色し、太い30番のスパン糸を使用し3cm間に18針が目安です。

### 材料
むら糸ダンガリー=110cm幅S・M2.4m、L・XL・XXL2.5m
インディゴバンダナプリントパッチワーク=112cm幅S・M2.4m、L・XL・XXL2.5m
接着芯(表上衿、表台衿、表カフス)=90cm幅60cm
ボタン=直径11.5mmを12個(フロント、台衿、カフス、ポケット、剣ボロ)

### 出来上り寸法表
(単位cm)

|  | S | M | L | XL | XXL |
| --- | --- | --- | --- | --- | --- |
| ネック寸法 | 38 | 39.5 | 41 | 42.5 | 44 |
| 着丈 | 70 | 72 | 74 | 76 | 78 |
| 肩幅 | 41.6 | 42.8 | 44 | 45.2 | 46.4 |
| 袖丈 | 59.5 | 61.5 | 63.5 | 64.5 | 65.5 |
| ゆき丈 | 80.3 | 82.9 | 85.5 | 87.1 | 88.7 |
| バスト回り | 102 | 106 | 110 | 114 | 118 |
| ウエスト回り | 95 | 99 | 103 | 107 | 111 |
| 裾回り | 98.7 | 102.7 | 106.7 | 110.7 | 114.7 |
| 袖口幅 | 21.5 | 22 | 22.5 | 23 | 23.5 |

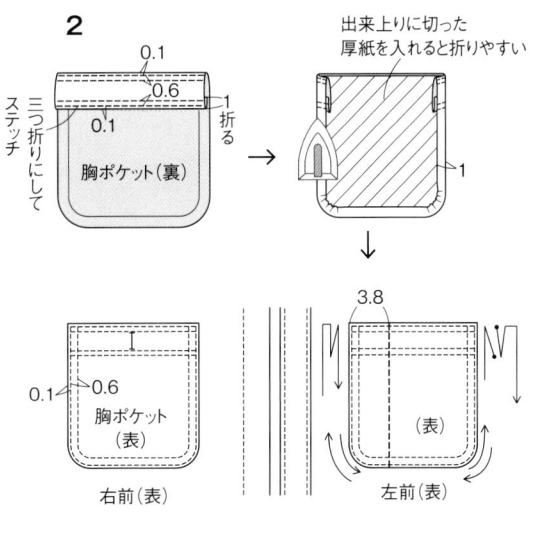

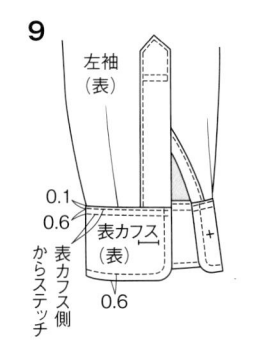

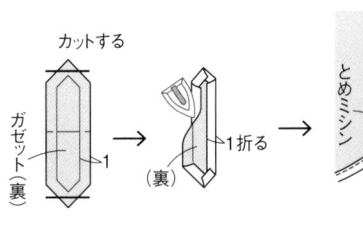

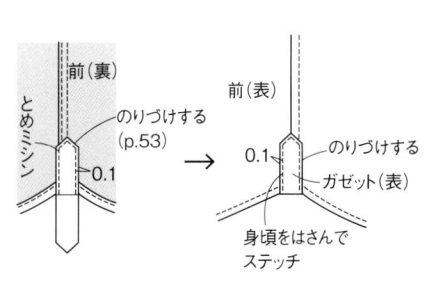

# WORK REGULAR N page 38　実物大パターンD面

## 素材
ウール90%ナイロン10%のウールメルトンを使用しています。織った後に強く縮絨させた毛織物で、表面の目がつまり肉感があるので形くずれしにくく、防風、防寒性に富んだ冬のアウター素材です。

## 作り方
準備…表上衿、表台衿、表カフスに接着芯をはる(→p.51)。脇、袖下、裾、ポケット周囲にロックミシンをかける

1. 前端の始末をする(→p.79)
2. 胸、腰ポケットをつける(→p.79)
3. 表ヨークと裏ヨークで身頃をはさんで縫う(→p.77)
4. 衿を作り、つける(→p.55)
5. ひじ当てをつける(→p.87)
6. 袖口に剣ボロあきを作る(→p.57、79)
7. 袖をつける(2枚一緒にロックミシン。縫い代は身頃側に倒す)(→p.79)
8. 袖下、脇をスリット止りまで縫う(縫い代は割る)
9. 裾を二つ折りにして縫う
10. 脇にスリットを作る
11. 袖口にカフスをつける(→p.59、83)
12. ボタンホールを作り、ボタンをつける(→p.60)。ポケットにドットボタンをつける

## ディテール
シルエットは現代的にスマートに見えるようにしています。アウターですがシャツからの派生として仕様はシンプルにしています。着丈はカバーオール風で短めです。ボタンはナットボタンの天然素材が持つカラーがとても美しいです。ポケットはドットボタンになります。ステッチは太い20番のスパン糸を使用し3cm間に18針が目安です。

## 材料
ウールメルトン=143cm幅2m(全サイズ共通)
接着芯(表上衿、表台衿、表カフス)=90cm幅60cm
ボタン=直径18mmを7個(フロント、カフス)、直径15mmを1個(台衿)
ドットボタン=BNデュオを4個(フラップ)

**出来上り寸法表はp.78と同じ**

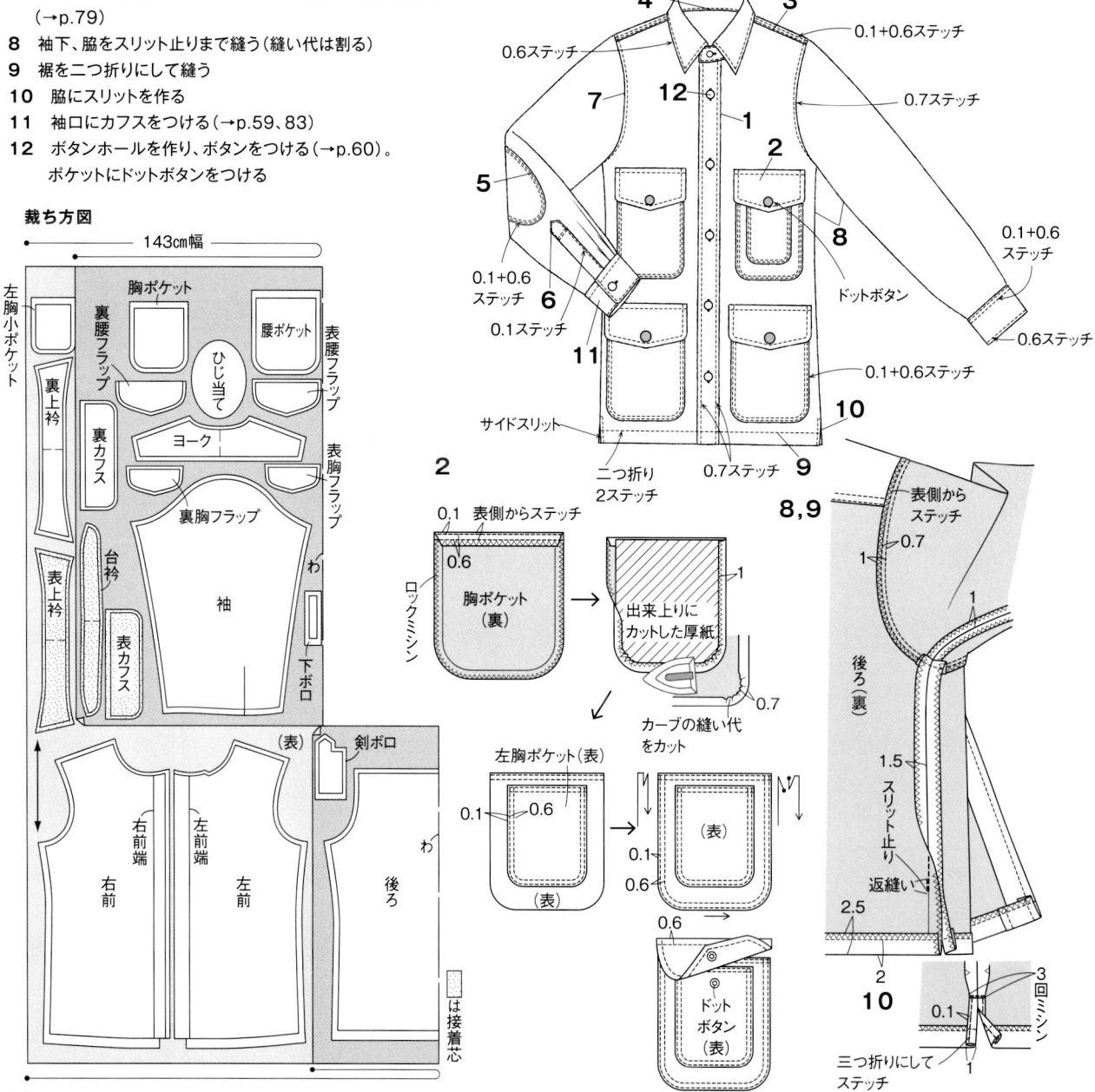

# STAND O page 35, 39　実物大パターン A, C, D 面

## 素材
インディゴ糸をストライプ部分に使用したビンテージ風ストライプ素材です。綿100%の平織物です。衿の別布には、ナチュラルカラーの麻100%素材を使用しています。

## ディテール
シルエットは現代的にスマートに見えるようにしています。着丈は短めですが脇の位置はあまり短くせずボトムに入れてもシャツの裾が出づらい設定にしています。ステッチは太い30番のスパン糸を使用し3cm間に18針が目安です。

## 作り方
準備…表衿、表カフスに接着芯をはる（→p.51）
1. 前後の裾をそれぞれ三つ折りにして縫う（→p.86）
2. 前端の始末をする（→p.86）
3. 胸ポケットをつける（→p.83）
4. 後ろ身頃のタックをたたみ、表ヨークと裏ヨークで身頃をはさんで縫う（→p.77）
5. 衿を作り、つける（→p.86）
6. 袖口に剣ボロあきを作る（→p.57）
7. 袖をつける（縫い代は身頃側に倒して折伏せ縫い）（→p.82）
8. 袖下、脇を縫う（→p.59）
9. 袖口にカフスをつける（→p.59、83）
10. 脇裾にガゼットをつける（→p.83、86）
11. ボタンホールを作り、ボタンをつける（→p.60）

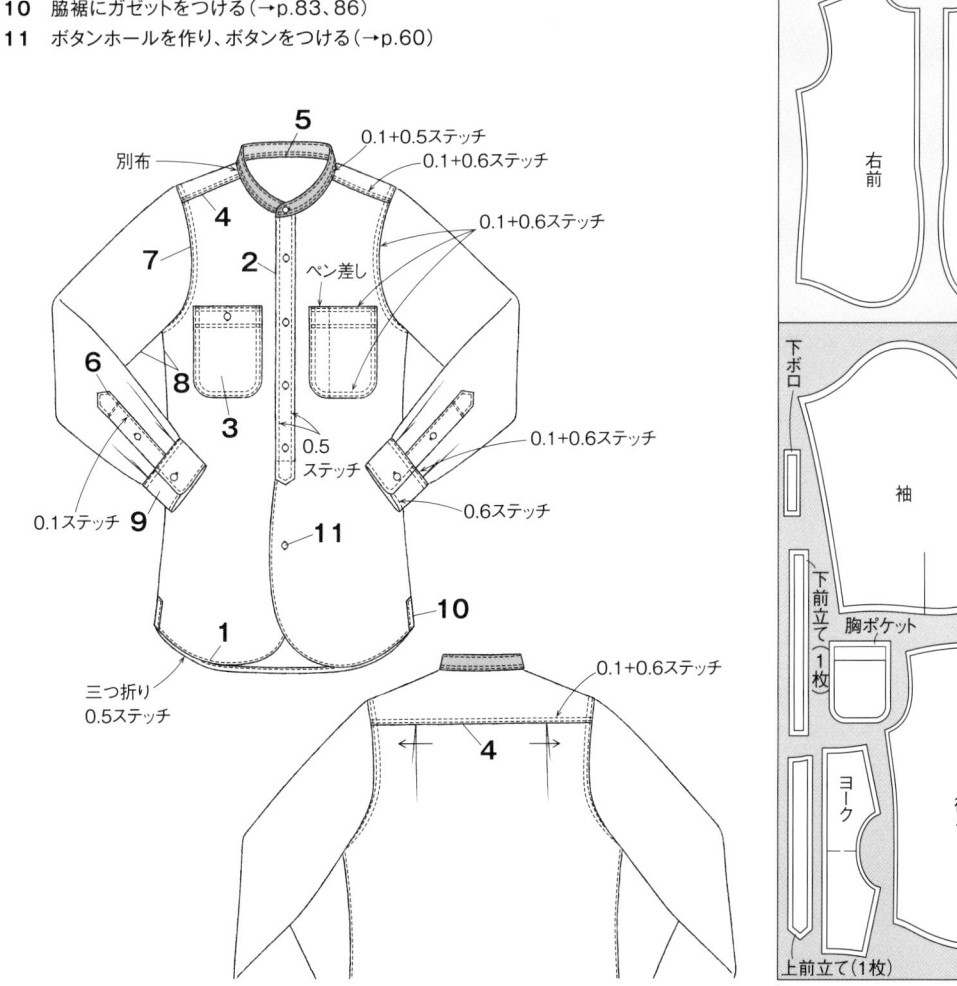

## 材料
インディゴアンティークストライプ＝112cm幅 S・M 2.3m、L・XL・XXL 2.4m
リネンベージュ（衿）＝20×60cm
接着芯（表衿、表カフス）＝90cm幅60cm
ボタン＝直径11.5mmを11個（フロント、衿、カフス、ポケット、剣ボロ）

### 出来上り寸法表
（単位cm）

|  | S | M | L | XL | XXL |
|---|---|---|---|---|---|
| ネック寸法 | 38 | 39.5 | 41 | 42.5 | 44 |
| 着丈 | 70 | 72 | 74 | 76 | 78 |
| 肩幅 | 41.6 | 42.8 | 44 | 45.2 | 46.4 |
| 袖丈 | 59.5 | 61.5 | 63.5 | 64.5 | 65.5 |
| ゆき丈 | 80.3 | 82.9 | 85.5 | 87.1 | 88.7 |
| バスト回り | 102 | 106 | 110 | 114 | 118 |
| ウエスト回り | 95 | 99 | 103 | 107 | 111 |
| 裾回り | 98.7 | 102.7 | 106.7 | 110.7 | 114.7 |
| 袖口幅 | 21.5 | 22 | 22.5 | 23 | 23.5 |

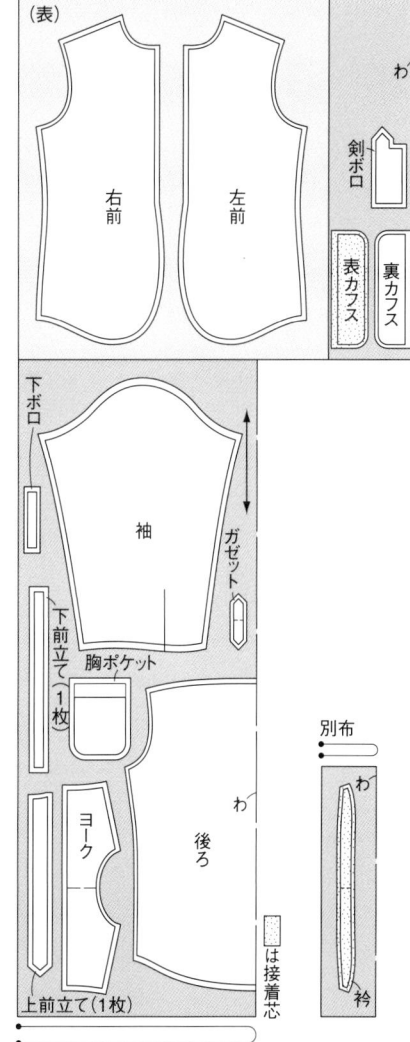

1

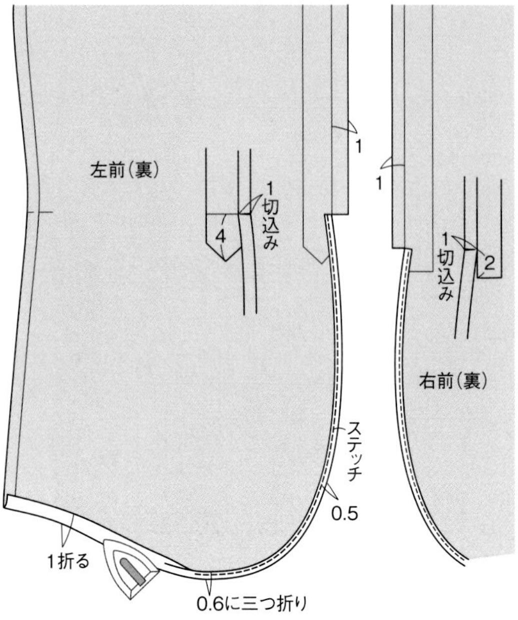
左前（裏）
1
1
1
切込み
4
1
切込み
2
右前（裏）
ステッチ
0.5
1折る
0.6に三つ折り

2

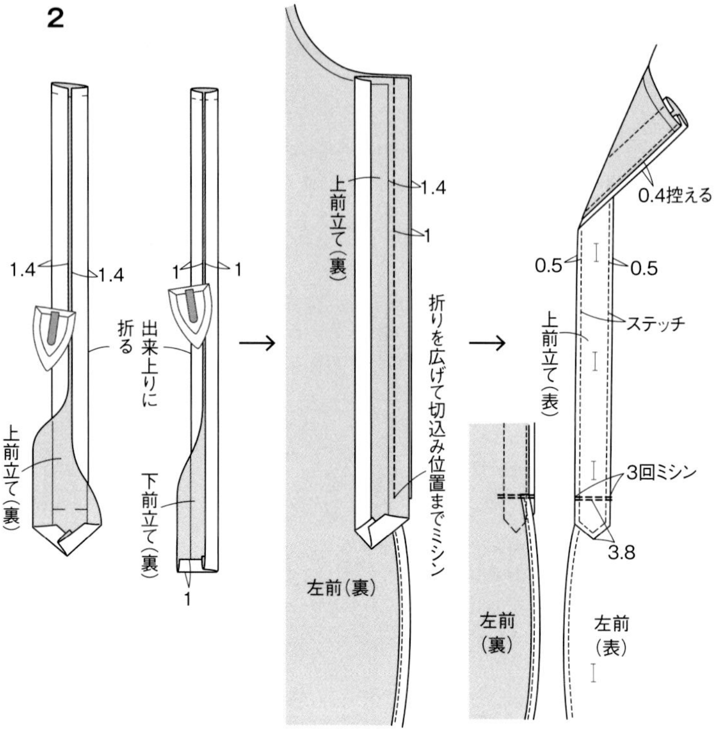
1.4
1.4
折る
上前立て（裏）
1
1
出来上りに
下前立て（裏）
1
上前立て（裏）
1.4
1
折りを広げて切込み位置までミシン
左前（裏）
0.4控える
0.5
0.5
ステッチ
上前立て（表）
3回ミシン
3.8
左前（裏）
左前（表）

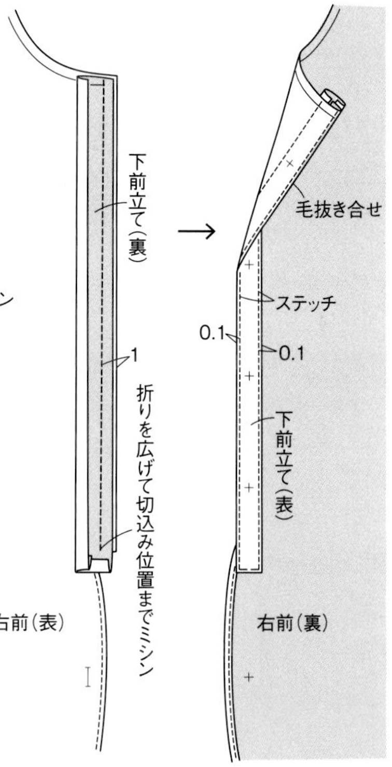
下前立て（裏）
1
折りを広げて切込み位置までミシン
右前（表）
毛抜き合せ
ステッチ
0.1
0.1
下前立て（表）
右前（裏）

5

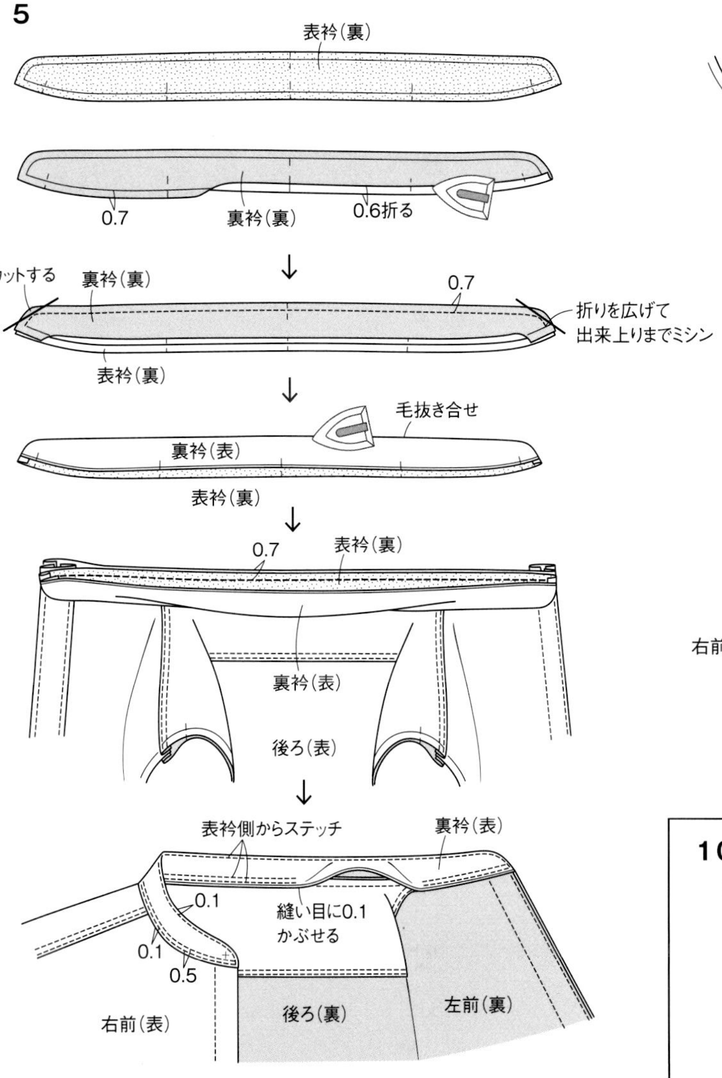
表衿（裏）
0.7
裏衿（裏）
0.6折る
カットする
裏衿（裏）
0.7
折りを広げて
出来上りまでミシン
表衿（裏）
毛抜き合せ
裏衿（表）
表衿（裏）
0.7
表衿（裏）
裏衿（表）
後ろ（表）
表衿側からステッチ
裏衿（表）
0.1
縫い目に0.1
かぶせる
0.1
0.5
右前（表）
後ろ（裏）
左前（裏）

10

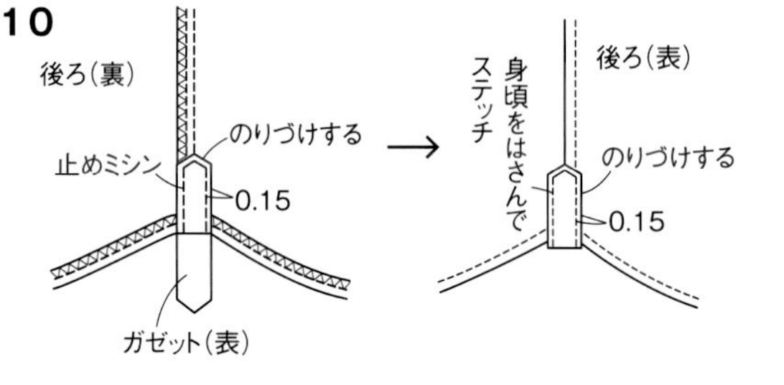
後ろ（裏）
のりづけする
止めミシン
0.15
ガゼット（表）
身頃をはさんでステッチ
後ろ（表）
のりづけする
0.15

# WORK REGULAR P  *page 40,41*  実物大パターンD面

## 素材
ハリスツイードは18世紀ごろ、スコットランド北西部のハリス&ルイス島で誕生しました。ざっくりとしたナチュラルな風合い、保湿性に優れ雨にも強い素材です。無地とタータンチェック共にハリスツイードを使用しています。

## 作り方
準備…表上衿、表台衿、表カフス、ポケット、表フラップに接着芯をはる（→p.51）。裾、ポケット周囲にロックミシンをかける

1. 前端の始末をする（→p.79）
2. 胸ポケットをつける（→p.79）
3. 前後の裾をそれぞれ二つ折りにして縫う（→p.79）
4. 表ヨークと身頃を縫い合わせる（縫い代はヨーク側に倒す）。裏ヨークをまつりつける
5. 衿を作り、つける（→p.55）
6. ひじ当てをつける
7. 袖口に剣ボロあきを作る（→p.57、79）
8. 袖をつける（2枚一緒にロックミシン。縫い代は身頃側に倒す）（→p.79）
9. 袖下、脇を縫う（2枚一緒にロックミシン。縫い代は後ろ側に倒す）（→p.79）
10. 袖口にカフスをつける（→p.59、83）
11. 脇裾にガゼットをつける（→p.86）
12. ボタンホールを作り、ボタンをつける（→p.60）

## ディテール
着丈は短めでアウターシャツとして着ていただきたいです。ヨーク内側にはキュプラを使用しすべりをよくしています。レザーのバスケットボタンと人工皮革のエルボーパッチをカントリー風デザインとして取り入れています。ステッチは太い30番スパン糸を使用しています。

## 材料
ハリスツイードカーキ=150cm幅1.8m（全サイズ共通）
ハリスツイードチェック=150cm幅2m（全サイズ共通）
人工スエード（ひじ当て、ガゼット）=40×30cm
裏布（裏ヨーク）=60×20cm
接着芯（表上衿、表台衿、表カフス、ポケット、表フラップ）=90cm幅60cm
ボタン=直径15mmを10個（フロント、台衿、カフス、ポケット）

## 出来上り寸法表
（単位cm）

|  | S | M | L | XL | XXL |
|---|---|---|---|---|---|
| ネック寸法 | 39 | 40.5 | 42 | 43.5 | 45 |
| 着丈 | 70 | 72 | 74 | 76 | 78 |
| 肩幅 | 41.6 | 42.8 | 44 | 45.2 | 46.4 |
| 袖丈 | 59.5 | 61.5 | 63.5 | 64.5 | 65.5 |
| ゆき丈 | 80.3 | 82.9 | 85.5 | 87.1 | 88.7 |
| バスト回り | 102 | 106 | 110 | 114 | 118 |
| ウエスト回り | 95 | 99 | 103 | 107 | 111 |
| 裾回り | 98 | 102 | 106 | 110 | 114 |
| 袖口幅 | 22.5 | 23 | 23.5 | 24 | 24.5 |

## 裁ち方図

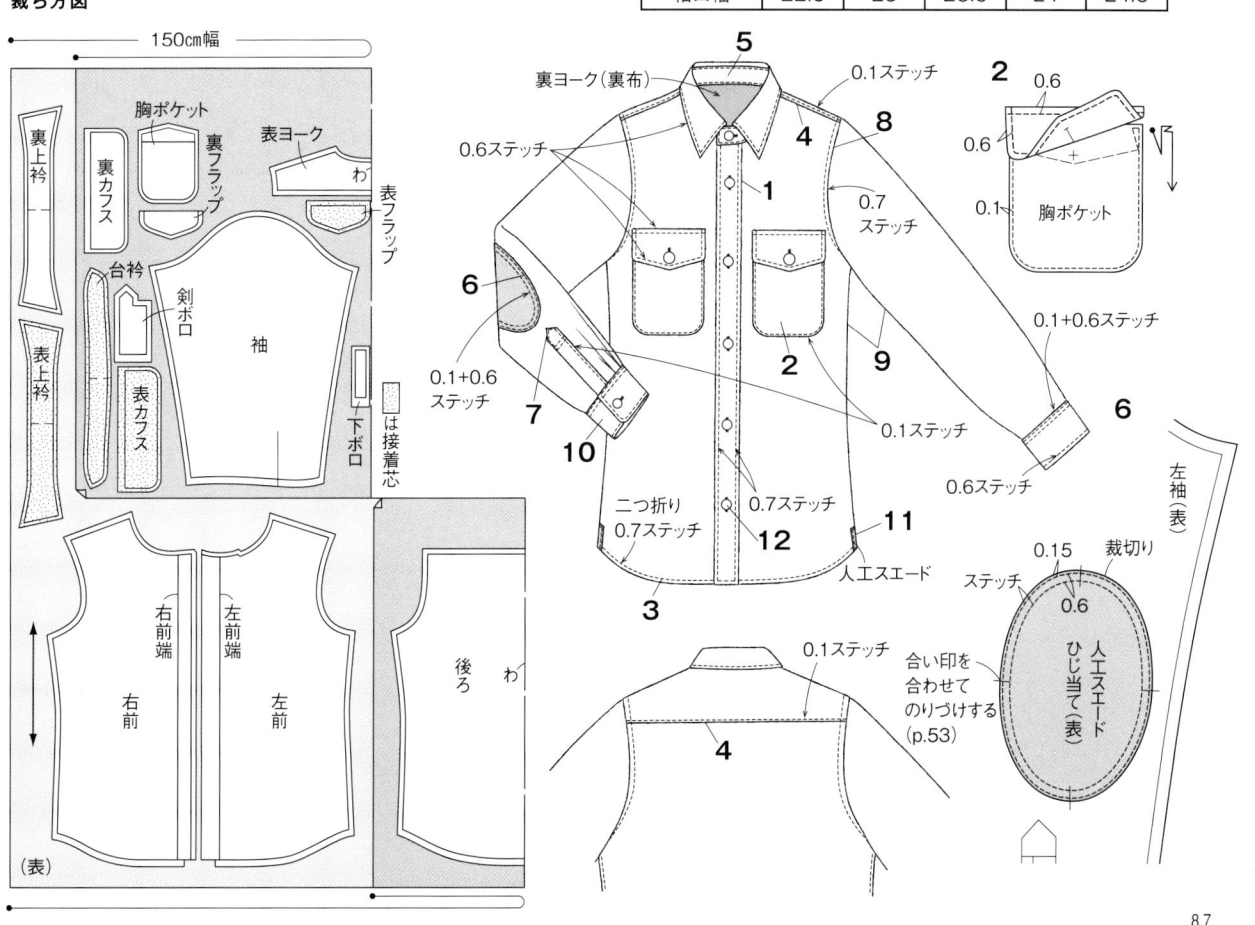

1年間という長い期間をいただいて、初めてトライした書籍。
この本のために集まってくださった、ブックデザイナーの林さん、スタイリストの永田さん、カメラマンの羽田さん、ヘアメイクの土筆さん、そして本業とは別ですが、モデルをしてくださったかたがた、ありがとうございました。業種の違うプロの人たちが集まり、一つのものを作り上げていく感動を知りました。
そして25年間、企業デザイナーとして働いていたときに知り合い、今回快く協力してくださった生地屋さん、付属屋さん、パタンナーさん、工場のかたがた、大変お世話になりました。皆さまがたのすべてが僕の財産です。

杉本善英
1989年オンワード樫山、メンズ事業本部に入社。アシスタントを経て、30代に「23区オム」チーフデザイナー、40代に「Jプレス」チーフデザイナーを歴任。46歳で独立。妻、杉本伸子のリゾートウェアブランド「HAYAMA SUNDAY」に携わるかたわら、大手企業の外部デザイナーとして活躍。今回の出版を機に、自らのオリジナルメンズウェアブランド「SUNDAY AND SONS」(サンデー&サンズ)を立ち上げる。

## カジュアルからドレスアップまでの
## メンズシャツ

2016年3月5日　第1刷発行
2021年12月15日　第3刷発行
著　者　杉本善英
発行者　濱田勝宏
発行所　学校法人文化学園 文化出版局
　　　　〒151-8524　東京都渋谷区代々木3-22-1
　　　　tel.03-3299-2487（編集）
　　　　tel.03-3299-2540（営業）
印刷・製本所　株式会社文化カラー印刷
©Yoshihide Sugimoto 2016　Printed in Japan
本書の写真、カット及び内容の無断転載を禁じます。

HAYAMA SUNDAY
神奈川県三浦郡葉山町下山口1820-18
tel.046-897-6368
http://hayamasunday.com
＊営業日、時間はホームページでご確認ください。

Staff
ブックデザイン　林 瑞穂
カメラマン　羽田 誠
スタイリスト　永田哲也
ヘアメイク　市川土筆
モデル　戸田吉則　宮内陽輔　山岸二世　原 晃子
パターン製作　ジイブリモ
パターングレーディング　上野和博
プロセス、作り方解説　助川睦子
校閲　向井雅子
編集　平井典枝（文化出版局）

Special Thanks
深美美奈　杉本伸子

提供
ウェルアーチ、東工コーセン（縫製）
三景、島田商事（付属）
Shuttle notes、双日ファッション、ティーエイチネクスト（生地）

協力
小菱加工（縫製）
有延商店、柴屋、鷹岡、瀧定名古屋（生地）

撮影協力
EASE NY Apartment　tel.03-5759-8261
EASE PARIS Mansion　tel.03-5759-8267
AWABEES　tel.03-6447-0070

・本書のコピー、スキャン、デジタル化等の無断複製は著作権法上での例外を除き、禁じられています。本書を代行業者等の第三者に依頼してスキャンやデジタル化することは、たとえ個人や家庭内での利用でも著作権法違反になります。
・本書で紹介した作品の全部または一部を商品化、複製頒布、及びコンクールなどの応募作品として出品することは禁じられています。
・撮影状況や印刷により、作品の色は実物と多少異なる場合があります。ご了承ください。

文化出版局のホームページ　http://books.bunka.ac.jp/